Søndagens prædiketekster i en funktionel (dynamisk) ækvivalent oversættelse.

Et forsøg på en idiomatisk gengivelse af teksterne på dansk
med en kanonisk eksegese som fortolkningsplatform.

Bind 2
2. tekstrække

AF192276

Oversat af Jørn Balle Larsen

Indholdsfortegnelse:

Forord:

"Det er min hensigt, at anden tekstrække skal følge efter oversættelserne af prædiketeksterne til første række".

Sådan skrev jeg i forordet til bind 1 – 1. tekstrække for et år siden. Med udgivelsen af bind 2 – 2. tekstrække er den hensigt opfyldt, så *Ny oversættelse af søndagens prædiketekst* nu består af to bind: et orange bind (1. tekstrække) et grønt bind (2. tekstrække).

Det er planlagt, at serien skal fortsætte med epistelteksterne i bind 3 (1. tekstrække) og bind 4 (2. tekstrække)

Måske fortsættes der med to supplementsbind, bind 5 og bind 6, som skal indeholde oversættelser af de gammeltestamentlige gudstjenestetekster oversat fra den tidlige kirkes bibel LXX, Septuaginta, der ofte citeres i NT.

Uddrag af forordet til bind 1 – 1. tekstrække:

"Hvorfor oversætte noget, der allerede er oversat i den autoriserede danske oversættelse?

Lad mig besvare dette spørgsmål på følgende måde:
I kap. 1 i bogen "How to Choose A Translation For All Its Worth" under overskriften: "The Need for Translation" står der følgende:
"Many years ago a much-admired teacher of Greek stood before her first-year Greek class. With uncharacteristic vigor, she held up her Greek New Testament and said forcefully, "This is the New Testament; everything else is a translation."

I en vis forstand har denne lærer ret i, at alt andet end teksten i det græske testamente er en oversættelse og dermed også en fortolkning, tilføjer jeg.

Men selv det græske testamente findes i mindst to hovedgrupper. Den byzantinske teksttradition, som i det store hele hviler på *Textus Receptus*, som bl.a. danner grundlag for King James bibel, Luthers Bibel og stort set alle oversættelse frem til det 20. århundrede, og så i Nestle-Aland med et efterfølgende nr. Disse udgaver er gennemarbejdede videnskabelige udgaver med kritisk apparat.

I dag er vi kommet til **NA28**, som jeg har valgt at bruge. (NA28, Nestle-Aland: Novum Testamentum Graece. Edited by Barbara and Kurt Aland, Johannes Karavidopoulos, Carlo M. Mantini, Bruce M. Metzeger. Deutsche Bibelgesellschaft. Digital formidlet af Olive Tree).

Målet for enhver oversættelse, også en oversættelse af NT, må være at gengive tekstens mening og ikke tekstens form, alene af den grund, at der ikke findes to sprog, der har samme sproglige vendinger, grammatiske konstruktioner eller idiomer.

Derfor har jeg valgt, at min oversættelse, mere skal være en funktionel ækvivalent oversættelse end en oversættelse, der er ordret. Jeg har med andre ord forsøgt mig med en idiomatisk gengivelse af teksterne på dansk.

"Alt andet end, teksten i det græske testamente, er en oversættelse", sagde den amerikanske græsk lærer, men derved er den også en fortolkning.

Derfor er det kun rimeligt, at oversætteren angiver, hvilken fortolkningsplatform, der er anvendt som baggrund for oversættelsen.

I min kirkelige hverdag opdagede jeg hurtigt, at den diakroniske, historiske-kritiske eksegese ikke var særligt bevendt i prædikearbejdet og i sjælesorgen, men det var en kanonisk tilgang til teksterne.

Det har ført til, jeg i dag opfatter det Nye Testamente som en *"bus med 27 sæder – nogle er større end andre- men tilsammen er de, det køretøj, der har bragt kirken frem til i dag"*. Jeg har også i min kirkelige hverdag opdaget at de 27 sæder, hver for sig giver god mening i forskellige situationer, i samtaler, sjælesorg og i prædikerne. De 27 sæder hører sammen, uden dem ingen bus, eller sagt på en anden måde, hvis vi ser på en buket af tulipaner af forskellig farve, 27 styk – ikke lige store – så tager de "farve og oplevelse" af hinanden, når vi ser på buketten.

Det har jeg selv gjort brug af i min kirkelige hverdag og meget tit hørt fra prædikestole rundt om i landet, selvom præsterne har og havde meget forskellige teologiske standpunkter.

Mine oversættelse er blevet til med en kanonisk eksegese som fortolkningsplatform."

Så vidt uddraget af forordet fra første bind, som jeg i øvrigt henviser til i sin helhed.

Ud over de titler, der er medtaget i boglisten, så har jeg læst og har kendskab til en masse oversættelser af NT, idet jeg i adskillige år har haft og stadigvæk har den vane at læse en ny oversættelse af NT hvert eneste år.

Det har været danske, svenske, norske, engelske, amerikanske, tyske, enkelte på fransk og en enkel på spansk.

Det har givet mig en spændende diversitet i mulighederne for at oversætte de samme græske ord.

Hvis andre skulle have lyst til at oversætte NT-tekster, så vil det kun glæde mig.

Vi mangler i høj grad oversættelser på basis-dansk af hensyn til dårlige læsere.

Oversættelser for børn, teenager osv. som for eksempel den nye EINSTEIGERBIBEL, Die Bibel, Übersetzung für Kinder, udgivet i år. 2019, af DEUTSCHE BIBEL GESELLSCHAFT.

Jeg indgår meget gerne i et samarbejde om sådanne udgivelser.

Til sidst vil jeg minde om, at alle oversættelser kun er vejledende, og ingen af dem er faldet ned fra Himlen.

Tak til FUV i Løgumkloster for husly gennem årene og en stor tak til min hustru for støtte og hjælp til at komme så langt med min serie af oversættelser.

Taastrup/Løgumkloster, Mikkelsdag, den 29. september 2019

Jørn Balle Larsen

PS. Næsten alt jeg har læst og brugt til udarbejdelse af disse oversættelser er i digital form.

Forklaringer til tegn i oversættelserne:

/ : betyder, at du selv kan vælge, hvilket ord, du foretrækker, når du bruger oversættelserne.

( ): Ordet eller ordene er ikke i teksten, men giver god mening i en oversættelse eller for forståelsen.

[ ]: Angiver en forklaring.

¹: Fodnoter. Hvis der er nogen, findes den efter hver tekst.

13: Angiver at verset ikke er med i prædiketeksten, men burde være det eller er udeladt i NA28.

Prædiketeksterne/evangelieteksterne til 2. tekstrække

1. søndag i advent: Luk 4,16-30.

16: Da kom (Jesus) til Nazareth, hvor han havde haft sin opvækst, gik han på sabbatten, som han plejede, ind i synagogen, og stod op for at læse¹.

17: Han blev givet profeten Esajas´ bogrulle, og han åbnede bogrullen, fandt² (tilfældigt) det sted, hvor der stod:

18: "Herrens Ånd er med mig, for han har salvet mig og sendt mig for at fortælle godt nyt [evangelium] for fattige, og forkynde frihed for fanger³ og at blinde skal få synet igen og sende de undertrykte ud i friheden,

19: og forkynde et år med Herrens accept".

20: Da rullede han bogrullen sammen og gav den tilbage til hjælperen og satte sig. Og alle, som var i synagogen, havde øjnene stift rettet mod ham,

21: og han begyndte at sige: "I dag[4] er det stykke fra skriften blevet opfyldt, da I hørte det."

22: Alle talte de godt om ham og de var forundrede over de fantastisk ord, som kom ud af hans mund, og de sagde (til hinanden): "Er det ikke Josefs søn?"[5]

23: Da sagde han til dem: "I vil sikkert bruge dette ordsprog om mig: Læge, helbred dig selv, og gør her i din egen by, som vi har hørt, at du har gjort i Kapernaum.

24: Jeg kan garantere jer, at ingen profet er velkommen/accepteret i sin egen by.

25: Der var, i sandhed, mange enker i Israel på Elias´ tid, da det ikke regnede [da himlen var lukket] i tre år og seks måneder og hungersnøden var gigantisk i hele landet.

26: Men Elias blev ikke sendt til nogen af dem, men til en enke i Zarepta i Sidonregionen[6].

27: Der var også mange spedalske i Israel på profeten Elisas tid, men af dem blev ingen renset [blev gjort ren] kun syreren Naaman[7].

28: Alle i synagogen, som hørte det, kogte over af vrede.

29: Da rejste de sig og drev ham ud af byen og førte ham til kanten af den klippe, deres by var bygget på, for at smide ham ud over kanten.

30: Men han [Jesus] slap igennem dem og gik.

[1] Det fremgår ikke, om Jesus af egen vilje stod op for at læse eller han blev bedt om det af synagogeforstanderen, som Paulus i Antiochia, AgG 13,15.

[2] εὗρεν, *euren,* 3. person ental, aktiv, indikativ aorist. Ordet kan meget vel betyde fandt ved et tilfælde – dvs. bogrullen åbner sig naturligt på dette sted.

[3] Ordbilledet/idiomet er: "dem, der er taget med spyd". Så kan man passende spørge, hvad det er for et spyd, de er taget med?

⁴ σήμερον, *semeron*, betyder i dag. Det er et vigtigt ord hos Lukas. Det forekommer 7 vigtige steder. Det første "i dag" tyder hans fødsel (Luk 2,11). Det andet, læser jeg med de vestlige håndskrifter i Luk 3,22, hvor det i Jesus dåb siges: "Du er min søn, i dag har jeg født dig", υιος μου ει συ, εγω σημερον γεγεννηκα σε. Med disse ord fastslås det, at Jesus er Guds søn. Det tredje er i synagogen i Nazareth, hvor Jesus siger: "I dag er det skriftord gået i opfyldelse". (Luk 4,21) Her afsløres Jesu gerning, så at sige. Det 5. og 6. "i dag" findes i Luk 19: I dag må jeg være gæst i dit hjem (v 5) og "I dag er frelsen kommet til dette hus"(v9). Frelsen kommer af og med Jesu anerkendelse. Det syvende og sidste "i dag" lyder på korset, hvor Jesus siger til den ene røver: "i dag skal du være med mig i paradis". Når vi hører disse ord i dag, så bliver vi på en måde samtidig med Lukas´ fortælling, eller som Grundtvig siger: "Sig vi går til paradis" i sidste vers af "Hil dig frelser og forsoner".

⁵ I min forståelse er dette spørgsmål ikke en forkastelse, men en forundring og forbavselse.

⁶ Sidonregionen er hedningeland og enken er ikke-jøde og dermed hedning i jødisk optik. Se 1. Kong 17,9-24. Jesus kommer også selv senere til dette område. Se 2. s. i fasten, 1. tekstrække, Matt. 15,21-28 og 12. s. e. trinitatis, 1. tekstrække, Mark 7,31-37 i bind 1.

⁷ En hedning, som syreren Naaman, kunne ifølge det jødiske synspunkt om ren og uren, nok blive helbredt for sin spedalskhed, men ikke blive renset, dvs. blive ren. Men han blev ren, siger Jesus og henviser dermed til 2. Kong 5,14, der i LXX, Septuaginta, bruger præcis det samme ord: han blev renset dvs. gjort ren: ἐκαθαρίσθη, *ekatharisthæ,* aorist passiv 3. person ental, indikativ af καθαρίζω, *kathariztå,* at rense.

2. søndag i advent: Matt 25,1-13.

1: "Til den tid vil Himmeriget ligne ti brudepiger, der tog deres olielamper og gik ud for at møde brudgommen.

2: Fem af dem var ufornuftige og fem fornuftige.

3: De ufornuftige tog deres olielamper med, men de tog ikke ekstra olivenolie med.

4: De fornuftige derimod tog ekstra olivenolie i dunke sammen med deres olielamper.

5: Da brudgommen var sent på den, blev de alle søvnige¹ og faldt i søvn².

6: Midt på natten lød der et råb: "Se brudgommen, kom ud og mød ham".

7: Da vågnede alle brudepigerne og begyndte at gøre deres olielamper klar.

8: De ufornuftige sagde da til de fornuftige: "Giv os lidt af jeres olivenolie, (for) vore lamper er gået ud".

9: "Det kan vi ikke", svarede de fornuftige, "der er ikke nok til både jer og os[3], gå heller hen til købmændene og køb af dem".

10: Da de var gået hen for at købe ind, kom brudgommen og de, der var klar, gik ind i bryllupssalen sammen med ham, og døren blev lukket.

11: Senere kom også de resterende brudpiger og sagde: "Herre, Herre, luk os ind".

12: Han svarede: "Jeg kan garantere jer: Jeg kender jer ikke".

13: Vær derfor på tæerne, for I kender hverken dagen eller timen".

[1] Her bruges aorist indikativ, 3. person flertal, ἐνύσταξαν, *enustaxan*, for at understrege, at de blev søvnige her og nu.

[2] Her bruges derimod imperfektum indikativ, 3. person flertal, ἐκάθευδον, *ekatheudon*, for at understrege det lineære, at de sov i længere tid.

[3] Umiddelbart passer det dårligt med vort billede af himmeriget, at man ikke kan dele. Måske ligger forklaringen på det i, at begge grupper faldt i søvn – de svigtede – men de fornuftige tog på forhånd ansvar for deres mulige svigt ved at tage reservedunke med.

3. søndag i advent: Luk 1.67-80.

67: Hans far, Zakarias, blev fyldt med Helligånden og profeterede:

68: "Pris Herren, Israels Gud, for han har omsorgsfuldt besøgt[1] og frikøbt sit folk.

69: og han har frembragt en mægtig frelser[2] for os af sin tjener Davids slægt,

70: som han for længst har lovet det ved sine hellige profeter,

71: lovet os, at frelse os fra vore fjender og fra den magt, de, som hader os, har.

72: Han har vist barmhjertighed mod vores forfædre og husket sin hellige pagt,

73: den ed, han svor vor forfader Abraham[3] og som han har lovet os,

74: så vi befriet fra vores fjenders magt, kan tjene ham uden frygt,

75: i hellighed og retfærdighed, alle vore dage.

76:[4] Og du, søn, du skal kaldes den Højestes profet, for du skal gå forud for Herren og berede hans vej,

77: og lade hans folk vide, at de kan blive frelst ved tilgivelse af fejltagelser.

78: På grund af vor Guds barmhjertighed vil en ny dag komme omsorgsfuldt over os,

79: for at skinne for dem, der sidder i mørke og dødens skygge og lede vore fødder ind på fredens vej".

80: Drengen voksede op og blev åndelig stærk. Han opholdt sig i ørkenen, indtil den dag, han trådte offentligt frem for Israel.

[1] ἐπεσκέψατο, *epeskepsato,* 3. Person ental, aorist, er et gammelt græsk ord, for det at besøge nogen med den hensigt at hjælpe.

[2] κέρας σωτηρίας, *keras soterias,* en almindelig metafor i GT. Der ordret betyder et frelsens horn, men her må oversættes med en mægtig (i styrke) frelser.

[3] 1. Mos. 22.16-18.

[4] De sætningsbærende verber har i de forrige vers alle været i aorist, nu skiftes der til futurum.

4. søndag i advent: Joh 3,25-36.

25: Nogle af Johannes´ elever/lærlinge/praktikanter havde en diskussion med en jøde om renselsesskikke.

26: Så de gik til Johannes og spurgte ham: "Rabbi, ham, som du var sammen med på den anden side af Jordan og som du talte meget positivt om, han døber (nu) og mange[1] kommer til ham".

27: Johannes svarede: "Et menneske kan intet tage uden, at det er blevet givet det fra Himlen.

28: I er mine vidner på, at jeg har sagt: Jeg er ikke Messias/den salvede, men jeg er sent i forvejen for ham.

29: Den, der har bruden, er brudgom, men brudgommens ven, der står og lytter, er overordentlig glad, når han hører gommens stemme. Derfor er min glæde fuldkommen nu.

30: Hans betydning må vokse, mens min bliver mindre.

31: Den, som er kommet fra oven, er over alle. Den, der er af jord, forbliver af jord og taler af jord. Den, som er kommet fra Himlen er over alle.

32: Hvad han har set og hørt, beretter han om, men ingen accepterer hvad, han har berettet om.

33: Den, som accepterer det, han beretter om, sætter sin underskrift under[2], at Gud er troværdig.*34:* Den, som Gud har sendt, taler Guds ord, for (Gud) giver ikke Ånden med begrænsning.

35: Faderen elsker Sønnen og alt, har Han givet ham magt over.

36: Den, som tror på Sønnen har evigt liv, men den, som forkaster Sønnen, vil ikke se livet. I stedet vil Guds vrede blive over ham.

[1] Egentlig står der alle. Et eksempel på at alle betyder mange og ikke hver eneste.

[2] ἐσφράγισεν, *esphragisen,* aorist indikativ, 3. person ental af σφραγίζω, *sphragizo,* der betyder at sætte sit sejl under noget, dvs. give sin attestation på noget. I dag sætter vi vor underskrift under noget, vi vedgår os.

Juleaften: Luk. 2,1-14

1: I de dage udgik der en befaling fra kejser Augustus, om at tælle alle folk i hele romerriget.

2: Det var den første folketælling, der fandt sted, mens Kvirinius var guvernør i Syrien.

3: Alle folk rejste for at blive registeret, hver til deres by.

4: Så Josef tog fra Galilæa, fra byen Nazareth til Judæa, til Davids by, som hedder Betlehem, fordi han var af Davids slægt,

5: for at lade sig registrere dér, sammen med Maria, sin forlovede, der ventede sig.

6: Mens, de var dér, gik hendes fødsel i gang,

7: og hun fødte en søn, sin første og svøbte[1] ham og lagde ham i et fodertrug, for der var ikke plads til dem i gæsteværelset.

8: Der var hyrder i det samme område, i det fri, som holdt nattevagt over deres flok.

9: Og en Herrens engel viste sig for dem og Herrens herlighed lyste over dem og de blev grebet af stor frygt.

10: Englen sagde til dem: "Frygt ikke, se jeg fortæller jer en stor glæde, som skal være for hele folket:

11: I dag er der født jer, i Davids by, en frelser. Han er Kristus og Herren.

12: Dette er et tegn for jer: I skal finde en baby svøbt og liggende i et fodertrug".

13: Pludselig var der med englen en mægtig himmelsk hær, som priste Gud:

14: "Ære være Gud i det højeste og på jorden fred blandt mennesker, som Gud synes om"

[1] ἐσπαργάνωσεν, *esparganosen*, verbum i aorist, aktiv, indikativ, 3rd Person, ental af σπαργανόω, at svøbe, findes kun her og i vers 12 i hele NT.

Eller:

Matt 1,18-25.

18: Jesu Kristi fødsel skete således: Maria hans mor, var blevet forlovet med Josef, men før de blev gift, mærkede hun, at hun var blevet gravid ved Helligånden.

19: Josef, hendes (kommende) mand, var en from og hæderlig mand og han ville ikke bringe offentlig skam over hende, så han ønskede at løse hende (fra ægteskabsaftalen) i hemmelighed.

20: Josef tænkte over dette, da en Herrens engel viste sig for ham i en drøm. "Josef, Davids søn", sagde (englen), "frygt ikke for at tage Maria til din hustru, for hun er blevet gravid ved Helligånden,

21: og hun skal føde en søn og du skal give ham navnet Jesus, for han skal frelse sit folk fra (alle) deres fejltagelser.

22: Alt dette sker, så det. Herren har talt ved sin profet [Jes 7,14], bliver opfyldt:

23: Den unge kvinde skal blive gravid og føde en søn og de skal navngive ham, Immanuel, som betyder *Gud er med os"*.

24: Da Josef vågnede, gjorde han som Herrens engel havde pålagt ham. Han tog (Maria) som sin hustru.

25: Men han havde ikke kønslig omgang med hende, før end hun havde født sin søn, som han gav navnet Jesus.

Juledag: Joh 1,1-14.

1: I begyndelsen eksisterede/var[1] Ordet[2] og Ordet[2] var[1] hos Gud, og Ordet[2] var Gud.

2: Han [Ordet] var[1] i begyndelsen hos Gud.

3: Alt er blevet til ved Ham [Ordet] og uden Ham [Ordet] er intet af det, der eksisterer, blevet til.

4: I Ham [Ordet] var liv og livet var menneskehedens lys.

5: Og lyset skinner i mørket, og mørket forstod[3] ikke lyset.

6: Der kom et menneske, udsendt af Gud, ved navn Johannes.

7: Han trådte frem som et vidne om lyset, for at alle kunne komme til tro på grund af hans budskab.

8: Han var ikke selv lyset, men han skulle vidne om lyset.

9: Det sande lys, som lyser for alle, er kommet til verden.

10: Han [lyset] var i verden og verden eksisterer på grund af Ham[4], og verden kendte Ham ikke.

11: Han kom til sine egne og hans egne accepterede Ham ikke.

12: De, som accepterede Ham, og som troede på Ham [hans navn], gav Han ret til at blive Guds børn,

13: som ikke er født på fysisk vis – ved kødeligt begær eller ved en gift mands ønske (om at få børn) – men af Gud.

14: Ordet blev menneske[5] og slog sit telt[6] op blandt os og vi så hans herlighed, en herlighed, som den eneste ene har fra Faderen, fuld af nåde og sandhed.

15: Johannes vidnede om ham, da han højlydt sagde: "Han er den om hvem jeg har sagt: Efter mig vil der komme én, som var før mig, da han eksisterede før mig".

16: Af alt det[7], han [Ordet] er, har vi alle modtaget nåde efter nåde.

17: For loven blev givet ved Moses, men nåde og sandhed er blevet til ved Jesus Kristus.

18: Ingen har nogensinde set Gud. Den eneste ene, som selv er Gud, og som sidder på Faderens skød, har gjort Gud kendt.

[1] ἦν, *en,* imperfektum, 3. person ental af εἰμί, *eimi,* at være, bruges her i betydningen af kontinuerlig eksistens af Ordet og af Gud. Gud og Ordet har altid været. Derfor: eksisterede Ordet. I Åben 21,6: Jeg [Ordet] er alfa og omega, begyndelsen og enden, og i Åben 22,13: jeg [Ordet] er alfa og omega, den første og den sidste, begyndelsen og enden.

[2] ὁ λόγος, *ho logos,* ordet. Hos Johannes er Ordet forstået som en person, der er til, før skabelsen, hos Gud og med Jesus er Ordet kommet ind i verden som menneske. Derfor er Ordet med stort.

[3] κατέλαβεν, *katelaben,* 3. person aorist indikativ af καταλαμβάνω, *katalambano.* Et ord, der har to hovedgrupper af betydning (1) tage i forvaring, arrestere, overvinde og (2) fatte, forstå, begribe. Der kan derfor oversættes på følgende to måder (1) mørket fik ikke slukket lyset eller (2) mørket forstod ikke lyset.

[4] Lyset og Ordet er den samme. Verden eksisterer på grund af Lyset/Ordet.

[5] σάρξ, *sarx,* betyder ordret kød, men ordet betegner også hele mennesket i en legemlig-sjælelig enhed.

[6] ἐσκήνωσεν, *eskenosen,* aorist 3. person indikativ af σκηνόω: slå sit telt op. At Ordet bor i telt blandt os, indikerer, at kommunikationen er let tilgængelig og umiddelbar, men ikke en permanent ordning. Desuden minder det om Tabernaklets telt [2. Mose 25].

[7] πληρώματος, *pleromatos,* betyder fylde, her om guddommelig fylde. Derfor oversætter jeg med " al det Han [Ordet] er".

Anden Juledag, Sankt Stefans dag: Matt: 10,32-42.

32: "Enhver, der anerkender[1] mig overfor menneskene, vil jeg anerkende overfor min himmelske Fader.

33: Den, som har sagt nej til mig overfor menneskene, vil jeg også sige nej til overfor min himmelske Fader.

34: Tænk ikke, at jeg er kommet for at bringe fred på jorden. Jeg er ikke kommet for at bringe fred, men konflikt/splid[2].

35: For jeg har sat splid mellem en mand og hans far, en datter og hendes mor, en svigerdatter og hendes svigermor.

36: En persons fjender vil være i personens egne familie.

37: Den, som elsker sin far eller mor mere end mig, fortjener mig ikke. Den, som elsker sin søn eller datter mere end mig, fortjener mig ikke.

38: Den, som ikke tager sit kors op og følger mig, fortjener mig ikke.

39: Den, som vil bevare sit liv, skal miste det og den som vil miste sit liv på grund af mig, skal bevare det.

40: Den, der modtager jer, modtager mig og den, der modtager mig, modtager den, der har sendt mig.

41: Den, som modtager en profet, fordi det er en profet, får en profets belønning og den, der modtager en retfærdig[3], fordi det er en retfærdig[3], får en retfærdigs[3] belønning.

42: Jeg kan garantere jer, at den, der giver en af disse små[4] et bæger koldt vand at drikke, fordi vedkommende er elev/lærling/praktikant, ikke skal miste sin belønning.

[1] ὁμολογήσει, *homlogesei,* futurum aktiv indikativ 3. person ental af ὁμολογέω, *homologeo,* har ud over betydningen *at anerkende* også en betydning af *at bekende* og *at tro på* i sig.

[2] μάχαιραν, *maxairan,* akkusativ ental, hunkøn af μάχαιρα, *maxaira: sværd* men her betyder det konflikt eller splid.

[3] δίκαιον, *dikaion,* akkusativ af δίκαιος, *dikaios, retfædig.* Retfærdig betyder her *den rigtige relation til Gud.*

[4] Hos Mattæus er det som regel Jesu elever/lærlinge/praktikanter, der menes med disse små.

Julesøndag: Matt 2,13-23.

13: Da de [vise mænd] havde forladt (dem), vidste en Herrens engel sig i en drøm[1] for Josef: "Stå op og tag barnet[2] og hans mor[2] og flygt til Egypten og bliv der indtil jeg siger (andet), for Herodes har planer om af finde barnet og slå det ihjel".

14: (Josef) stod op og tog barnet og hans mor, den nat, og tog til Egypten.

15: Og han blev der indtil Herodes´ død, for at opfylde det, som Herren havde sagt ved profeten [Hos 11,1][3]: "Fra Egypten har jeg kaldt min søn".

16: Da Herodes indså, at han var blevet narret af de vise mænd, blev han meget vred og sendte (soldater) afsted for at dræbe[4] alle drenge i Bethlehem og omegn på to år og derunder, på det tidspunkt, som han havde fået at vide af de vise mænd.

17: Da blev det, som var sagt, ved profeten Jeremias [Jer 31,15] ⁵
sandt:

18: "En lyd hørtes i Rama, af gråd og dyb sorg. Rakel græd over sine
børn og hun ville ikke lade sig trøste, for de var døde".

19: Da Herodes var død, viste en Herrens engel sig for Josef i en drøm,
i Egypten:

20: "Stå op og tag barnet og hans mor og tag til Israel, for de, der søgte
at dræbe barnet, er døde".

21: Josef stod op, tog barnet og hans mor og tog til Israel.

22: Men da han hørte, at Arkelaos var blevet konge over Judæa efter
sin far Herodes, frygtede han for at tage derhen. Advaret i en drøm tog
han til Galilæa.

23: Og han kom til en by ved navn Nazareth, Således blev det, som var
sagt ved profeterne, sandt, at han skal kaldes en nazaræer.

¹ 3. kommunikation via en drøm i Matthæus´ fortælleforløb. 1. i 1,20, 2. i 2,12 og to gange igen i
vers 20 og i vers 22.

² Fokus hos Matthæus er på barnet, Jesus, og han omtaler ikke Josef som barnets far.

³ Hos Hoseas i kap 11 tales der om en anden og ny exodus, se vers 5 og 11. Mon ikke det er
tanken hos Matthæus, at dette skal høres med.

⁴ I jødisk optik blev det at udrydde babyer betragtet som hedensk skik. Tænk blot på Farao i GT
[2.Mose 1, 16 og 22]. I sammenhængen, her hos Matthæus, tilbeder de hedenske vise mænd den
sande konge, mens den jødiske hersker agerer som en hedning.

⁵ Hos Jeremias i kap. 31 kaldes Israel Guds søn i vers 20 og fortsætter i versene 31-34 med at love
en ny pagt. Mon ikke det er tanken hos Matthæus, at dette skal høres med.

Nytårsdag: Matt 6,5-13.

5: "Når I beder, så vær ikke som hyklerne, der holder af at stå i synagogerne eller på gadehjørnerne, når de beder, så de kan vise sig for folk. Jeg kan garantere jer, at **det** er deres løn[1].

6: Men når du[2] beder, så gå ind i dit værelse og luk døren, og bed til din Fader i det skjulte, og din Fader, som ser i det skjulte, vil give dig løn.

7: Når I beder, må I ikke plapre løs, som hedningerne gør, for de mener, at de bliver hørt på grund af deres mange ord.

8: Dem må I ikke ligne, for jeres fader ved, hvad I har brug for, førend I beder ham (om det).

9: Sådan skal I bede: Vor fader, i himlene, lad dit navn blive holdt helligt.

10: Lad dit rige komme og lad din vilje ske på jorden, som i himlen.

11: Giv os vor daglige mad i dag.

12: Tilgiv os, som vi har tilgivet[3] andre.

13: og lad os ikke blive prøvet, men fri os fra ondskaben[4]

[for dit er riget, magten og æren i evighed. Amen][5].

[1] Egentlig står der ordret: *"de får deres løn"*, men af sammenhængen må det i min optik oversættes med: *"**det** er deres løn"* – det "teater", de opfører, er deres løn.

[2] Matthæus skifter i vers 6 til 2. person ental. Vers 5,7,8 og i begyndelsen af vers 9 er det 2. person, flertal.

[3] ἀφήκαμεν, *aphekamen,* 1. Person flertal i aorist indikativ af ἀφίημι, *aphiemi,* tilgive. Dvs. vi beder om at blive tilgivet, i den udstrækning, at vi selv har tilgivet andre uanset om vi oversætter aorist som en aorist eller vi oversætter i nutid, som Luther og andre med ham har gjort.

[4] Ondskaben er mit forsøg på at fastholde det onde både, som noget personligt og noget udefra kommende.

[5] οτι σου εστιν η βασιλεια και η δυναμις και η δοξα εις τους αιωνας αμην [for dit er riget, æren og magten i evighed. Amen. Findes ikke i teksten i NA 28, men kun i det kritiske apparat.

Helligtrekongers søndag: Joh 8,12-20.

12: Jesus talte atter til dem [farisæerne]: "Jeg er verdens lys. Den, som følger mig, vil ikke leve i mørket, men have et liv fyldt af lys".

13: "Når, du vidner om dig selv, er dit vidneudsagn ikke troværdigt", sagde farisæerne.

14: Jesus svarede: "Selvom jeg vidner om mig selv, er mit vidneudsagn troværdigt, fordi jeg ved, hvor jeg kommer fra og hvor jeg går hen, men I ved ikke, hvor jeg kommer fra og hvor jeg går hen.

15: I dømmer på menneskeligt vis [ordret: efter kødet], jeg dømmer ingen.

16: Hvis jeg afsiger en dom, så er min dom troværdig/sand, for jeg er ikke alene, men Faderen, som sendte mig, og jeg er sammen om det.

17: I jeres lov, er det skrevet, at tos vidneudsagn er troværdigt.

18: Jeg er mit eget vidneudsagn, og Faderen, som har sendt mig, vidner også om mig".

19: De [farisæerne] spurgte: "Hvor er din fader". "I kender hverken mig eller min Fader, for kendte I mig, ville I også kende min Fader", svarede Jesus.

20: Disse ord sagde Jesus ved indsamlingskisten, da han underviste i templet, og ingen arresterede ham, for hans tid var endnu ikke kommet.

1. søndag efter Helligtrekonger: Mark 10,13-16

13: De bragte nogle børn til (Jesus) for at han skulle røre ved dem. Men eleverne/lærlingene/praktikanterne afviste dem.

14: Da Jesus så det, blev han irriteret og sagde til dem: " Tillad børnene at komme (hen) til mig, vær ikke i vejen for dem, for de tilhører Guds rige.

15: Jeg kan garantere jer, at den, der ikke tager imod Guds rige, som et barn, kommer slet ikke ind i det.

16: Og han gav dem [børnene] et knus/en krammer og lagde hænderne på dem og velsignede dem.

2. søndag efter Helligtrekonger: Joh 4,5-26

5: (Jesus) kom til en by i Samaria kaldet Sykar, nær det landområde Jakob havde givet sin søn Josef.

6: Der var Jakobs brønd. Jesus, som var træt efter rejsen, satte sig straks ved siden af brønden.

7: En samaritansk kvinde kom for at hente vand og Jesus spurgte hende: "Giver du mig noget at drikke"?

8: Hans elever/lærlinge/praktikanter var gået ind til byen for at købe mad.

9: Den samaritanske kvinde svarede: "Hvordan kan du, som er jøde, bede mig, som er en samaritansk kvinde, om noget at drikke. For jøderne har intet med samaritanerne at gøre.

10: Jesus sagde da: "Hvis du kendte Guds gave og hvem det er, der siger: Giver du mig noget at drikke, så bad du ham (om noget at drikke) og han ville give dig levende vand".

11: "Herre, du har ingen spand/øse og brønden er dyb, så hvordan vil du få det levende vand, spurgte kvinden.

12: Er du større end vor forfar Jakob, som gav os brønden? Han og hans sønner og hans dyr drak af den".

13: Jesus svarede hende: "Enhver, der drikker dette vand, vil blive tørstig igen.

14: Men den, som drikker vandet, som jeg vil give, skal aldrig tørste igen. For det vand, som jeg giver, vil blive til en kilde, der springer vand i ham, til evig tid".

15: "Herre, giv mig dette vand", svarede kvinden, "så jeg aldrig vil blive tørstig og komme herud og trække (vand) op".

16: "Hent din mand og kom her tilbage", sagde Jesus.

17: Kvinden svarede: "Jeg har ingen mand". "Du har ret, da du sagde: jeg har ingen mand", sagde Jesus,

18: du har haft 5 mænd og den, du har nu, er ikke din ægtefælle. Du talte sandt".

19: "Herre, jeg indser, at du er en profet", svarede kvinden,

20: "Vore forfædre har tilbedt på dette bjerg, men I siger, at Jerusalem er stedet, hvor man bør tilbede".

21: "Tro mig, kvinde", svarede Jesus. For der vil komme en tid, hvor det hverken er på dette bjerg eller i Jerusalem, I skal tilbede Faderen.

22: " I tilbeder det, som I ikke kender. Vi tilder det, vi kender, for frelsen kommer fra jøderne,

23: men der skal komme en tid, ja den er her nu, hvor de sande tilbedere skal tilbede Faderen i ånd og sandhed, for det er sådanne tilbedere Faderen søger.

24: Gud er ånd og de, der tilbeder ham, må gøre det i ånd og sandhed".

25: Kvinden svarede: "Jeg ved, at når Messias, det betyder den salvede/Kristus, kommer, vil han fortælle os alt".

26: "Det er mig[1], som taler med dig", svarede Jesus.

[1] ἐγώ εἰμι, *ego eimi,* som betyder *jeg er.* Dvs. Det er mig, der er Messias, den salvede, siger Jesus.

3. søndag efter Helligtrekonger: Luk 17,5-10

5: Apostlene bad Herren: "Giv os mere tro".

6: "Hvis I havde tro som et sennepsfrø", svarede Herren, " kunne I sige til dette morbærtræ: ryk dig op med rode og plant dig i havet og det vil adlyde jer.

7: Hvis en af jer har en slave, som pløjer eller vogter får, siger vedkommende så, når slaven kommer tilbage fra marken. Læg dig straks til bords.

8: Nej, tværtimod, vedkommende siger: Lav min aftensmad og server den for mig, så jeg kan spise og drikke. Herefter kan du spise og drikke.

9: Vedkommende takker ikke slaven, fordi han har udført det, som var pålagt ham.

10: På samme måde er det med jer, når I har gjort al det, der er pålagt jer, skal I blot sige: vi er uværdige slaver, der kun har gjort vor pligt.

4. søndag efter Helligtrekonger: Matt 14,22-33

22: Straks tvang (Jesus) eleverne/lærlingene/praktikanterne til at gå ombord i en båd og sejle til den anden bred forud for ham, mens han sendte folk bort.

23: Da han havde sendt folk bort, steg han op på et bjerg for sig selv for at bede. Da det blev aften, var han der alene.

24: Båden var allerede langt[1] fra land og kæmpede hårdt med bølgerne, for vinden var imod den.

25: I den fjerde nattevagt [mellem klokken 3 og 6] kom han til dem, gående på søen.

26: Men da eleverne/lærlingene/praktikanterne så ham komme gående på søen, blev de oprørte: "Det er et spøgelse", sagde de og gav sig til at skrige af frygt.

27: Straks talte Jesus til dem: "Fat mod. Det er mig[2]. Frygt ikke.

28: Peter svarede: "Herre, hvis det er dig, så sig [befal] at jeg skal komme ud til dig på vandet."

29: "Kom", sagde (Jesus), og Peter steg ud af båden og vandrede på vandet og kom hen til Jesus.

30: Men da han bemærkede den stærke vind, blev han bange og da han begyndte at synke, skreg han: "Herre, red mig".

31: Straks rakte Jesus hånden ud og greb ham og sagde til ham: "Du har så lidt tro. Hvorfor tvivlede du?"

32: Da de var kommet ombord på båden, døde vinden ud.

33: Og de, der var ombord på båden, faldt ned på knæ med ordene: "Du er i sandhed Guds Søn."

[1] Egentlig står der på græsk: mange stadier fra land. En stadie er 184 m lang, så hvor langt, båden er kommet, fortælles ikke.

[2] ἐγώ εἰμι, *ego eimi,* jeg er (den jeg er). Jesus siger på en og samme tid det er mig, som I kender og Jeg er den jeg er, som tetragrammet, yhwh, i GT.

5. søndag efter Helligtrekonger: Matt. 13,24-30 eller Matt. 13,44-52

Matt. 13,24: Han (Jesus) præsenterede en anden fortælling for dem: "Himmeriget kan sammenlignes med en person, der såede godt sædekorn på sin mark.

25: Mens folk sov/Om natten kom hans fjende og såede giftigt rajgræs[1] oven på hveden og gik igen.

26: Da væksten voksede op og satte kerner, blev også det giftige rajgræs synligt,

27: og så kom ejerens slaver og spurgte: "Herre, såede du ikke godt sædekorn på din mark, hvor kommer så det giftige rajgræs fra?".

28: "Det har en fjende gjort", svarede han. "Vil du, at vi skal gå ud og samle det fra?" spurgte slaverne.

29: "Nej", svarede han, "hvis I samler det giftige rajgræs sammen, kan I komme til at trække hveden med op".

30: "Lad begge gro side om side indtil høsten. Når høsttiden kommer, så vil jeg sige til høstarbejderne: Saml først det giftige rajgræs sammen i neg, så det kan blive brændt [måske skal det oversættes: blive brugt som brændsel], men hveden skal bringes ind i min lade".

[1] ζιζάνια, *zizania* er lolium temulentum, som er udbredt i Palæstina og som minder meget om hvede bortset fra sorte kerner og derfor vanskelig at skelne fra hvede indtil de begge bærer kerner.

Matt. 13,44: "Himmeriget er som en skat skjult i en mark. Den fandt en person og skjulte den (igen), og i sin glæde gik han hen og solgte alt, han havde, og købte den mark.

45: Himmeriget er også som en handelsrejsende, der søgte prægtige perler.

46: Når han fandt en værdifuld perle, gik han hen og solgte alt, han havde, og købte den.

47: Himmeriget er også som et net, der kastes i søen. Det fanger alle slags fisk.

48: Når det er fuldt, trække de det op på bredden og sætter sig og samler de gode fiske i kurve[1], og smider de dårlige ud.

49: Således vil det ske ved tidens ende. Engle vil drage ud og adskille de onde mennesker fra dem, der har Guds accept.

50: og kaste dem i den brændende ovn. Der vil være gråd og ekstrem smerte".

51: "Forstår I det", spurgte (Jesus). "Ja", (svarede de).

52: Da sagde (Jesus): Det er derfor, at enhver lovkyndig, som er blevet Himmerigets elev/lærling/praktikant, er som en husejer, der tager nye og gamle ting ud af sin skattekiste.

---

[1] ἄγγη, *agge*, er flertal af ἄγγος, *aggos*, som betyder kurv til fisk og ordet findes kun her i NT. I Matt 25,4 bruges ordet ἀγγεῖον, *aggeion*, som betyder kurv i al almindelighed.

Sidste søndag efter Helligtrekonger: Joh 12,23-33

23: "Timen er kommet, da Menneskesønnen skal herliggøres", svarede Jesus dem.

24: "Jeg kan garantere jer: Hvis ikke et enkelt korn sås i jorden og dør, forbliver det kun sig selv, men hvis det dør, bærer det mange korn.

25: Den, der elsker sit liv, vil miste det, og den, der hader sit liv i denne verden, vil bevare det til evig tid.

26: Den, der tjener mig, følger mig, og hvor jeg er, der er også min tjener. Den, der tjener mig, anerkender Faderen.

27. Nu er jeg dybt bekymret. Hvad skal jeg sige: "Fader, red mig fra denne time, nej det er for denne time jeg er kommet".

28: Fader herliggør dit navn. Der lød en røst fra Himlen: "Jeg har herliggjort det og jeg vil herliggøre det igen".

29: Folket som stod der og hørte det, sagde at det tornede. Andre sagde: "En engel talte til ham".

30: Jesus sagde: "Røsten lød ikke for min skyld, men for jeres skyld.

31: Denne verden bliver bedømt nu, og denne verdens ledere vil blive smidt ud.

32: Når jeg er blevet løftet op fra denne verden, vil jeg drage alle til mig"

33: Dette sagde han for at antyde, hvordan han ville dø.

Søndag septuagesima: Matt 25,14-30

14: Det [Himmeriget] er, som med en mand, der ville rejse udenlands. Han sammenkaldte sine slaver og betroede dem sin formue.

15: En gav han fem talenter[1], en anden to talenter og en tredje en talent, enhver i overensstemmelse med sin kompetence, og så rejste han udenlands. Straks [Ordet er begyndelsen på vers 16]

16: gik han, som havde fået fem talenter, ud og investerede dem og tjente fem til.

17: Ligeledes tjente han, som havde fået to, to mere.

18: Men han, som fik en (talent), gik ud og gravede et hul i jorden, og der gemte han sin herres sølv [penge].

19: Efter lang tid kom disse slavers herre for at afregne med dem.

20: Han, som havde fået fem talenter, bragte yderligere fem talenter, og sagde: "Herre, fem talenter betroede du mig, se jeg har yderligere fem talenter".

21: Hans herre svarede ham: "Godt klaret, du er en god og tro slave. Du er pålidelig over en lille sum, så jeg vil sætte dig over meget mere. Gå ind (og tag del i) din herres glæde".

22: Han med de to talenter kom og sagde: " Herre, to talenter betroede du mig, se, jeg har tjent to mere".

23: Hans herre svarede ham: "Godt klaret, du er en god og tro slave. Du er pålidelig over en lille sum, så jeg vil sætte dig over meget mere. Gå ind (og tag del i) din herres glæde".

24: Da kom han, som var blevet givet en talent, og sagde: "Herre, jeg kender dig som en streng person, der høster, hvor du ikke har sået og som samler, hvor du ikke har spredt (noget),

25: og da jeg var bange, gik jeg hen og skjulte din talent i jorden, se her er dit".

26: Hans herre svarede ham: "Du onde og dovne, slave, hvis du vidste, at jeg høster, hvor jeg ikke har sået og samler, hvor jeg ikke har spredt (noget),

27: så burde du have investeret mit sølv [penge] hos bankiererne/vekselererne, så jeg, når jeg kom, kunne have fået mit igen med rente.

28: Tag talenten fra ham og giv den til ham, der ti talenter.

29: For de, som har meget, skal gives mere og den, som ikke har noget, skal det, som han har, tages fra ham.

30: Smid ham udenfor i mørket. Der vil der være gråd og ekstrem smerte".

[1] τάλαντα, *talanta,* flertal af τάλαντον, *talanton.* En talent er oprindelig en vægtenhed på ca. 36 kg. Som møntenhed er det ca. 36 kg. rent sølv, som kan omregnes til ca. 6000 daglønninger for en almindelig arbejder.

Søndag seksagesima: Mark 4,26-32

26: Og (Jesus) fortalte: "Det er med Guds rige, som med et menneske, der såede sædekorn på sin jord.

27: Sov om natten og stod op om dagen. Sæden spirer og gror – han ved ikke hvordan.

28: Automatisk giver jorden afgrøde, først strå, dernæst aks og så kerner i akset.

29: Når kornet er moden, høster han med et segl [egentlig: så sender han straks seglet ud], for høsten er kommet"[1].

30: (Jesus) fortsatte: "Hvad skal vi sammenligne Guds rige med eller hvilken fortælling skal vi skildre det ved?

31: Det er som et sennepsfrø. Når det sås, er det mindre end alle andre af jordens frø.

32: Når det er sået, kommer det op og bliver større end alle andre planter og det får så store grene, at himlens fugle kan bo i dets skygge[2].

[1] Denne fortælling findes kun hos Markus.

[2] Se Ezekiel 17,23.

Fastelavn: Luk 18,31-43

31: Jesus tog de 12 til side og sagde: "Vi er på vej op til Jerusalem og al det, der er skrevet hos profeterne om Menneskesønnen vil ske der,

32: han vil blive udleveret til de fremmede/romerne og de vil spotte og fornærme han og spytte på ham,

33: og de vil piske ham og slå ham ihjel, men på tredje dagen vil han vende tilbage til livet".

34: Men de 12 forstod det ikke. Hvad, han sagde, forblev skjult for dem og de fattede ikke, hvad han mente.

35: Da Jesus nærmede sig Jeriko, sad der en blind ved vejen og tiggede.

36: Han prøvede at finde ud af, hvad der skete, da han hørte flokken gå forbi.

37: Man fortalte ham, at det var Jesus af Nazareth, der gik forbi.

38: da råbte den blinde: "Jesus, Davids søn, hav, medlidenhed med mig".

39: De, der gik forrest sagde at han skulle tie stille, men han råbte blot endnu højere: "David søn, hav, medlidenhed med mig".

40: Jesus standsede og bød, at han skulle bringes over til ham. Da han var kommet nær, spurgte Jesus ham:

41: "Hvad vil du, at jeg skal gøre"? "Herre, jeg vil se igen", svarede han.

42: Jesus sagde til ham: "Se, din tro har helbredt dig".

43: Med det samme kunne han se og han fulgte Jesus og priste Gud, og hele folket, som så det, priste Gud.

1. søndag i fasten: Luk 22,24-32

24: Der opstod en diskussion blandt dem [apostlene se vers 14] om hvem, der ville være den vigtigst.

25: Da greb Jesus ind: "Kongerne hersker over deres folk og de, der har autoritet/lederne vil kaldes velgørere.

26: Sådan skal det ikke være hos jer, tværtimod skal den vigtigste være den mindste og lederen som en tjener.

27: Hvem er vigtigst? Den, der sidder til bords eller den, der serverer. Er det ikke den, der sidder til bord? Men jeg er blandt jer som den, der er tjener/serverer.

28: I er dem, der altid har været hos mig i mine prøvelser,

29: og som min Fader har givet mig riget, giver jeg (nu) det til jer,

30: for at I kan spise og drikke ved mit bord i mit rige. I skal også sidde på troner og dømme Israels 12 stammer".

31: "Simon, Simon, hør: Satan har ønsket jer for sig selv, som man sigter hveden fra avnerne [I en friere oversættelse: Simon, Simon, hør: satan har villet have jer for sig selv. Han ønsker at fjerne jer fra mig, som man sigter hveden fra avnerne]", sagde Jesus,

32: "Jeg har bedt for dig, at din tro ikke vil fejle og når du vender tilbage, så styrk dine brødre".

2. søndag i fasten: Mark 9,14-29

14: Da de kom til (de andre) elever/lærlinge/praktikanter, så de en stor gruppe omkring dem og nogle eksperter i moseloven, som diskuterede med dem.

15: Da hele gruppen så Jesus, blev de overrasket og løb straks hen for at byde ham velkommen.

16: Jesus spurgte dem: "Hvad diskuterer I?".

17: En fra gruppen svarede ham: "Lærer, jeg har bragt min søn til dig. Han har en ånd, der gør ham stum.

18: Når den bevirker et anfald, kastes han voldsomt (til jorden) og fråder om munden og skærer tænder og han bliver ubevægelig, og jeg sagde til dine elever/lærlinge/praktikanter, at de skulle uddrive den, men de kunne ikke".

19: (Jesus) svarede dem: "En ikke-troende generation, hvor længe skal jeg være hos jer, hvor længe skal holde jer ud. Bring ham til mig!"

20: De bragte ham til (Jesus), og da ånden så (Jesus) gav den straks ham/drengen krampetrækninger og han faldt til jorden, rullede rundt og frådede om munden.

21: (Jesus) spurgte drengens far: "Hvor længe har han haft det sådan"? "Fra barndommen", svarede han.

22: "Den har mange gange kastet ham i ild og i vand for at tage livet af ham, men hvis du kan, så hjælp os, hav medlidenhed med os".

23: Jesus svarede: "Hvis du kan! Den, der tror, kan alt".

24: Straks råbte drengens far: "Jeg tror, hjælp min ikke-tro"!

25: da Jesus så, at gruppen af mennesker trængte sig på, gav han en ordre til den onde ånd: "Du stumme ånd jeg befaler dig: "Smut ud af ham og kom ikke mere tilbage".

26: Med skrig og mange krampetrækninger for den ud og (drengen) lå som død, og alle sagde, at han var død.

27: Jesus tog hans hånd og hjalp ham op at stå.

28: Da de var kommet ind i et hus, spurgte eleverne/lærlingene/praktikanterne ham privat: "Hvorfor kunne vi ikke få den ud af ham"?

29: "Den slags kan kun fjernes ved bøn", svarede han.

3. søndag i fasten: Joh 8,42-51

42: Da sagde Jesus til dem: "Hvis jeres fader var Gud, elskede I mig, for jeg er kommet fra Gud og kommet her. Jeg er ikke kommet af mig selv, men Han [Gud] har sendt mig med en opgave.

43: Hvorfor forstår I ikke min tale? Det er fordi I ikke er i stand til at forstå mine ord!

44: I har djævlen som fader og I ønsker at gøre det, jeres fader vil, at I skal gøre. Han [djævlen] var fra begyndelsen af en morder og han har aldrig talt sandt, for han ved ikke, hvad sandt er. Når han lyver, taler han af sig selv, for han er en løgn og løgnens fader.

45: Fordi jeg siger sandheden, tror I mig ikke.

46: Kan en af jer dømme mig på grund af noget, jeg har gjort forkert. Hvis jeg siger sandheden, hvorfor tror I mig ikke?

47: Den, der tilhører Gud, forstår det, Gud siger. I forstår ikke, fordi I ikke tilhører Gud".

48: Jøderne svarede: "Er det ikke rigtigt, når vi siger, at du er en samaritaner og at du er besat af en dæmon"?

49: "Jeg er ikke besat af en dæmon", svarede Jesus, "men jeg ærer min Fader og I ærer mig ikke.

50: Jeg søger ikke min egen ære. Der er en, der søger den og dømmer.

51: Jeg kan garantere jer: Den, der adlyder/overholder mit ord, vil ikke i al evighed se døden.

Midfaste: Joh 6,24-35 (37)

24: Da folket så, at Jesus ikke var der og ej heller hans elever/lærlinge/praktikanter, gik de ombord i nogle både og kom til Kapernaum for at lede efter Jesus.

25: Da de fandt ham, spurgte de:"Rabbi[1], hvordan kom du her?"

26: Jesus svarede: "Jeg kan garantere jer, at I ikke søger mig, fordi I har set tegnene, men fordi I spiste af brødene, så meget I ønskede [egentligt: og blev fyldt op (til bristepunktet)].

27: "Arbejd ikke for den føde, der går til, men for den føde, der består indtil evigt liv, som menneskesønnen vil give jer, for på ham har Gud Fader sat sit mærke."

28: "Hvad vil Gud, at vi skal gøre?" [egentlig: hvad skal vi gøre for at udføre Guds gerninger] spurgte de.

29: Jesus svarede: "Det er, hvad Gud har gjort: At I skal tro på ham, han har sendt".

30: De spurgte ham: "Hvilket tegn gør du, så vi kan se det og tro på dig. Hvad gør du?"

31: "Vore forfædre spiste manna i ørken, som det står skrevet: Brød fra Himlene gav han dem at spise."

32: "Jeg kan garantere jer", svarede Jesus," det var ikke Moses, der gav jer, brød fra Himlene, men min Fader, der gav jer det sande brød fra Himlene.

33: For Guds brød er ham, der steg ned fra Himlene og gav liv til verden".

34: "Herre, giv os altid dette brød", svarede de.

35: Da sagde Jesus: "Jeg er livets brød. Den, som kommer til mig, skal aldrig sulte og den, som tror på mig skal aldrig tørste.

[36: Men jeg har fortalt jer, at I har set mig og tror ikke.

37: Enhver, som Fader giver mig, kommer til mig, og den, som kommer til mig, vil jeg ikke smide ud."*]*

---

[1] En ærefuld tiltale til en lærer. Da vi ikke har en lignende talemåde på dansk, har jeg undladt at oversætte ordet.

Mariæ bebudelsesdag: Luk 1,46-55

46: Maria sagde/sang: " Jeg[1] ophøjer[2] min Herre,

47: og mit indre fyldes med glæde over Gud, min frelser,

48: for han har set til sin ydmyge slave/slavinde. Bemærk! Fra nu af vil alle generationer kalde mig velsignet.

49: For den mægtige har gjort mægtige ting med mig. Hellig er hans navn,

50: hans godhed forsætter fra generation til generation for dem, der frygter ham (med ære).

51: Han viser sin magt [ordret står der: Han øver magt med sin arm] og spreder de, der tror stort om dem selv.

52: Herskere har han stødt fra tronen og ydmyge har han ophøjet.

53: Sultne har han mættet med god mad og velhavere har han sendt tomhændet bort.

54: Han har tager sig af sin tjener [ordret: søn] Israel og husket (at vise) sin godhed,

55: som han har lovet vore forfædre, Abraham og hans efterkommere, i evighed."

[1] ἡ ψυχή μου, hæ psykæ mou, *min sjæl,* er et stærk udtryk for Jeg med stort og bruges også i Septuaginta (GT på græsk) i 1. Mosebog 27,4, 27,25 og i Salme 34,2.

[2] Μεγαλύνει, *megalynei,* nutid 3. person ental af μεγαλύνω, *megalynå,* og betyder at gøre stor, ophøje, prise. Ordet findes også i Luk 1,58, Apg. 5,13, 10,46 og 19,17.

Palmesøndag: Mark 14,3-9 eller Joh 12,1-16

Mark 14,3-9:

3: (Jesus) var i Betania i Simon den spedalskes hus, og da han sad til bords, kom der en kvinde, som havde en alabasterkrukke med en meget kostbar, ægte, nardusparfume. Hun brød alabasterkrukken og hældte (dens indhold) ned over hans hoved.

4: Der var nogle blandt de tilstedeværende, som blev forarget: "Hvorfor blev denne parfume misbrugt på denne måde?

5: Den kunne være blevet solgt for mere end 300 denarer[1] og pengene givet til de fattige". Og de begyndte at skælde hende ud.

6: Jesus sagde: "Lad hende være, hvorfor bebrejder I hende. Hun har gjort en vidunderlig ting mod mig.

7: De fattige har I altid hos jer og I kan hjælpe dem, når I ønsker det, men mig, har I ikke altid:

8: Hvad hun kunne, gjorde hun. Hun hældte på forhånd parfume over mit legeme som forberedelse til begravelse.

9: og jeg kan garantere jer, at overalt i hele verden, hvor evangeliet bliver forkyndt, vil det, som hun har gjort, også blive fortalt til minde om hende".

[1] Over 300 denarer. En denar er en dagløn, så beløbet nærmer sig en årsløn.

Eller Joh 12,1-16:

1: Seks dage før den jødiske påske kom Jesus til Betania, hvor Lazarus, som Jesus havde bragt tilbage fra de døde, boede.

2: De forberedte en middag for ham og Martha serverede og Lazarus var en af dem, der spiste med Jesus [egentlig: en af dem, der lå til bords med Jesus].

3: Maria tog et pund[1]meget kostbart og ægte nardusparfume og hældte det ud over Jesu fødder og tørrede hans fødder med sit hår, og huset blev fyldt med parfumeduft.

4: En af hans elever/lærlinge/praktikanter, Judas Iskariot, som ville forråde ham, spurgte:

5: "Hvorfor blev denne parfume ikke solgt for 300 denarer og (pengene) givet til de fattige"?

6: Dette sagde han ikke, fordi han tænkte på de fattige, men fordi han var en tyv og bar (fælles)pungen og tog til sig selv af det, der skulle deles ud.

7: Jesus sagde: "Lad hende være, hun har gjort det, for at forberede den dag, jeg lægges i min grav.

8: De fattige har I altid hos jer, mig har I ikke altid".

9: En stor gruppe af jøder fandt ud af, at Jesus var der og de kom alene for at se ham, men også for at se Lazarus, som (Jesus) havde bragt tilbage fra de døde.

10: Men ypperstepræsterne planlagde at slå Lazarus ihjel.

11: Mange forlod jøderne på grund af (Lazarus) og kom til at tro på Jesus.

12: Næste dag da den store gruppe af mennesker, som var kommet på grund af højtiden, hørte at Jesus kom til Jerusalem.

13: Tog de palmegrene og gik ud for at møde ham og de råbte: Hosianna, velsignet er den, som kommer i Herrens navn. Israels konge.

14: Jesus skaffede sig et æsel og satte sig på det, ligesom det står skrevet:

15: "Frygt ikke, Zions datter. Se din konge kommer ridende på et æsels føl"[2]

16: Dette forstod hans elever/lærlinge/praktikanter ikke med det samme, men da Jesus var blevet herliggjort, huskede de, at dette var skrevet om ham og at man havde gjort sådan omkring ham.

[1] λίτραν, *litran,* akkusativ af λίτρα, *litra,* et romerske mål på ca. 327 g.

[2] Se Zak 9,9 og Sl 118,26

Skærtorsdag: Joh 13,1-15

1: Før påskefesten vidste Jesus, at timen var kommet, og at han skulle flytte[1] fra denne verden og tilbage til Faderen, og han elskede sine egne i denne verden og han elskede dem lige til enden.

2: Da aftensmåltidet fandt sted, havde djævelen allerede påvirket Judas, Simons, Iskariots søn, til, at han skulle forråde ham [Jesus].

3: Skønt Jesus vidste, at Faderen havde overgivet ham alt, og at han kom fra Gud og skulle tilbage til Gud,

4: rejse han sig fra måltidet/middagen og tog sin kjortel/jakke af og tog et stykke klæde og bandt det omkring sig selv,

5: og fyldte et vandfad med vand og begyndte at vaske elevernes/lærlingenes/praktikanternes fødder og tørrede dem med klædet, som var bundt omkring ham.

6: Da han kom til Simon Peter, spurgte han: "Herre, vil du vaske mine fødder?"

7: "Du ved ikke hvad jeg gør, senere vil du forstå det", svarede Jesus.

8: Peter fortsatte: "Du vil aldrig komme til at vaske mine fødder". "Hvis ikke jeg vasker dig, vil du ikke tilhøre mig", svarede Jesus.

9: Så sagde Peter: "Herre, vask ikke alene mine fødder, men også hænderne og hovedet".

10: "Den, der har badet, har kun behov for at få vasket fødderne, derudover er vedkommende hel ren", svarede Jesus, "og I er rene, undtagen én".

11: For han vidste hvem, der ville forråde ham. Derfor sagde han, at I er alle, undtagen én, rene.

12: Da han havde vasket deres fødder og taget sin kjortel/jakke på, satte han sig igen og spurgte dem: "Forstår I, hvad jeg har gjort for jer?

13: I kalder mig lærer og herre og I har ret, for det er jeg.

14: Så hvis jeg, jeres Herre og jeres lærer, har vasket jeres fødder, så er i skyldige at vaske hinandens fødder.

15: Et forbillede har jeg givet jer, for at I skal gøre ligesom jeg har gjort mod jer".

[1] μεταβῇ, *metabei*, aorist, 3. person ental af μεταβαίνω, *metabaino,* en gammelt græsk ord, der betyder at forflytte sig fra et sted til et andet. Derfor kan vi oversætte det med *at flytte.*

Langfredag:

Jeg har ikke oversat tekster til Langfredag, da det er min erfaring med kirkernes langfredagsgudstjeneste, at det varierer meget, hvad der bruges. Skulle nogen have lyst til, at jeg skulle oversætte en bestemt tekst til langfredag, er man velkommen til at kontakte mig. Gerne i god tid!

Påskedag: Matt 28,1-8

1: Efter sabbatten/lørdag [jødernes helligdag] da solen stod op søndag morgen gik Maria Magdalena og den anden Maria ud for at se til graven.

2: Pludselig kom der et mægtig jordskælv, for en Herrens engel kom ned fra Himlen og gik hen og rullede stenen fra og satte sig på den.

3: Hans tilsynekomst var som et lyn og hans klæder hvide som sne,

4: og vagterne blev rystet af frygt for ham, og de blev som døde.

5: Englen sagde til kvinderne; " Vær ikke bange, jeg ved, at I søger Jesus, som er blevet korsfæstet.

6: Han er ikke her! Har er opstået/blevet bragt tilbage[1], som han har sagt det. Se, der er stedet, hvor han lå.

7: Gå hurtigt og fortæl hans elever/lærlinge/praktikanter, at han er opstået/blevet bragt tilbage fra de døde[2], og sig: "Jeg går forud for jer til Galilæa". Der skal I set ham. Nu har jeg fortalt jer det".

8: De skyndte sig fra graven med frygt og megen stor glæde. De løb for at fortælle det til hans elever/lærlinge/praktikanter.

---

[1] Ordet, der er oversat med *han er opstået/blevet bragt tilbage,* er *egerthe,* ἠγέρθη i aorist passiv indikativ 3. person ental, for at vise, at det er noget, der sker med Jesus og for at fastslå, at det er et simpelt faktum. Hos Paulus i 1. Kor. 15,4 bruges perfektum passiv indikativ 3. person ental, *egegertai,* εγηγερται, for at understrege den permanente situation, at Jesus forbliver opstanden.

[2] Ordet, der er oversat med *han er opstået/blevet bragt tilbage,* er forsat *egerthe,* ἠγέρθη i aorist passiv indikativ 3. person ental, for at vise, at det er noget, der sker med Jesus og for at fastslå, at det er et simpelt faktum og som Paulus siger det til Timotius i 2. Tim 2,8 det vigtigste i evangeliet

ved brug af ἐγείρω, *egeiro*, i perfektum passiv, participium, ἐγηγερμένον, *egegermenon*, for at understrege den permanente situation, at Jesus forbliver opstanden.

Anden påskedag: Joh 20,1-18

1: Mens det endnu var mørkt, søndag morgen, går Maria Magdalene ud til graven og ser, at stenen for graven var flyttet væk.

2: Hun løber straks hen til Simon Peter og den elev/lærling/praktikant, som Jesus holdt af, og siger til dem: "De har fjernet Herren fra graven og vi ved ikke, hvor de har lagt ham".

3: Peter og den elev/lærling/praktikant spurtede afsted hen mod graven.

4: De to løb side om side, men den elev/lærling/praktikant løb hurtigere end Peter og kom først til graven.

5: Han bøjede sig forover og ser bandagerne liggende (der), men han gik ikke ind.

6: Simon Peter ankom efter ham og gik ind i graven og ser bandagerne ligge der,

7: og klædet, som var over hans [Jesu] hoved men det lå ikke sammen med bandagerne, men sammenrullet for sig selv.

8: Da gik også den elev/lærling/praktikant, som ankom først, ind i graven: så og troede.

9: De kendte endnu ikke skriften: at ham måtte komme tilbage til livet.

10: Eleverne/lærlingene/praktikanterne gik hjem.

11: Maria stod ved graven og græd.

12: Da ser hun to engel i hvide klæder siddende der. Den ene ved hovedet og den anden ved fødderne, der hvor Jesu legeme havde ligget.

13: Og de spurgte hende: "Hvorfor græder du?". "Fordi de har fjernet min Herre", svarede hun, " og jeg ved ikke, hvor de har lagt ham".

14: Da hun havde sagt dette, vendte hun omkring og ser Jesus stå der, men hun vidste ikke, at det er Jesus.

15: Jesus spurgte hende: "Hvorfor græder du, kvinde? Hvem søger du?" Da hun tror, at han er kirkegårdsgartneren, siger hun til ham: "Herre, hvis du har båret ham væk, så sig hvor du har lagt ham og jeg vil flytte ham".

16: Jesus svarede: "Maria!" Hun drejede omkring og svarede på hebræisk: "Rabbuni, Det betyder lærer.

17: Jesus sagde: "Hold ikke fast på mig, for jeg er endnu ikke steget op til Faderen, men gå til mine brødre og søstre [egentlig: landsmænd] og sig, at jeg stiger op til min og jeres Fader og til min og jeres Gud".

18: Maria Magdalene gik hen og fortalte eleverne/lærlingene/praktikanterne, at jeg har set Herren og hvad han sagde til hende.

1. søndag efter påske: Joh 21,15-19

15: Efter morgenmanden spurgte Jesus, Simon Peter: "Simon Johannes´ søn elsker du mig mere ende de andre [elever/lærlinge/praktikanter]? Ja, Herre, du ved, at jeg holder af dig", svarede han. (Jesus) fortsatte: "Giv mine får noget at spise".

16: Igen spørger (Jesus): "Simon Johannes´ søn elsker du mig?" (Simon) svarer: "Ja, Herre, du ved, at jeg holder af dig". "Vær hyrde for mine får", svarede (Jesus).

17: For tredje gang spørger (Jesus): "Simon Johannes´ søn holder du af mig". Peter blev bedrøvet, fordi (Jesus) spurgte for tredje gang: holder du af mig og han svarede: "Herre, du ved alting. Du ved, at jeg holder af dig".

"Giv mine får noget at spise", svarede Jesus.

18: "Jeg kan garantere dig: da du var ung, tog du selv overtøj på og tog derhen, hvor du ville, men når du bliver gammel, vil du række hænder ud og andre vil give dig overtøjet på og bringe dig derhen, hvor du vil."

19: Dette sagde (Jesus) for at antyde ved hvilken død (Peter) ville herliggøre Gud. Herefter sagde (Jesus): "Følg mig", til (Peter).

2. søndag efter påske: Joh 10,22-30

22: På det tidspunkt fandt tempelindvielsesfesten sted i Jerusalem og det var vinter.

23: Jesus gik omkring i templet, i Salomons søjlehal.

24: Jøderne omringede Jesus og spurgte ham: "Hvor længe vil du holde os i det uvisse? [1] Er du Messias [den salvede], sig os det lige ud."

25: "Jeg har sagt jer det", svarede Jesus, "og I troede ikke. De ting, jeg gør i min Faders navn, de vidner om mig.

26: Men I troede ikke, for I er ikke mine får.

27: Mine får hører min stemme og jeg kender dem og de følger mig.

28: Og jeg vil give dem evigt liv og de vil aldrig gå til og ingen kan rive dem ud af mine hænder/min magt.

29: Min Fader, som har givet (dem) til mig, er større end alle og ingen kan rive dem ud af min Faders hænder/Faders magt.

30: Jeg og Fader er én".

[1] Ordret står der: *Indtil hvornår vil du opløfte vor sjæl,* ἕως πότε τὴν ψυχὴν ἡμῶν αἴρεις;. Af sammenhængen må der oversættes som ovenfor.

3. søndag efter påske: Joh 14,1-11

1: "Lad være med at bekymre jer. Tro på Gud og tro på mig!

2: I min Faders hus er der masser af plads. Hvis ikke det var sådan, ville jeg så have sagt jer, at jeg går i forvejen for jer, for at forberede jer en plads.

3: Hvis jeg går i forvejen for at forberede jer en plads, så kommer jeg igen og tager jer sammen med mig, for hvor jeg er, der skal også I være.

4: Og hvor jeg går hen, kender I vejen til".

5: Thomas spurgte: "Herre, vi ved ikke, hvor du går hen. Hvordan kan vi da kende vejen?"

6: "Vejen, sandheden og livet, det er mig", svarede Jesus, "ingen kommer til Faderen, uden gennem mig.

7: Hvis I kender mig, så kender I også min Fader, og fra nu af kender I og har I set ham".

8: Philip sagde: "Herre, vis os Faderen og vi vil være tilfredse".

9: "Så lang tid har jeg været sammen med jer, og du kender mig ikke, Philip", svarede Jesus," den, der kender mig, kender Faderen og du siger: Vis os Faderen!

10: Tror du ikke, at jeg er i Faderen og Faderen er i mig? Det, jeg har sagt, har jeg ikke sagt af mig selv, men Faderen som bor i mig, gør det han ønsker.

11: Tro, at jeg er i Faderen og Faderen er i mig. Hvis ikke, så tro på grund af det, jeg gør".

Bededag: Matt 7,7-14

7: Bed, og I vil få. Søg og I vil finde. Bank på og der vil blive åbnet.

8: Enhver, der beder, modtager, og den, der søger, finder og den, der banker på, vil der blive åbnet for.

9: Vil en af jer give sit barn en sten, når det beder om et brød?

10: Eller er slange, når det beder om en fisk?

11: Hvis I, som dog er onde, **ved** at give jeres børn gode ting, hvor meget mere vil jeres Fader, i Himlene, giver jer gode ting, når I beder ham.

12: Alt, hvad I vil, at folk skal gøre mod jer, det skal I selv gøre mod dem. Det er essensen af loven og profeterne.

13: Gå ind ad den snævre port, for porten, der fører til ødelæggelse, er vid og bred, og mange er de, der går ind ad den.

14: Snæver er porten og smal er vejen, der fører til livet, og få er de, der finder den.

4. søndag efter påske: Joh 8,28-36

28: Jesus sagde til dem: "Når I får løftet menneskesønnen op, så vil I erkende, at jeg er (hvad jeg siger) og at jeg intet gør af mig selv, men alene det, som Faderen har lært mig, taler jeg om.

29: Og han, som har sendt mig, er med mig. Han har ikke ladt mig alene, for jeg gør altid det, der behager ham".

30: Da han sagde dette, troede mange på ham.

31: Jesus sagde til de jøder, der troede på ham: "Hvis I lever efter mit ord, så vil I, i sandhed, blive mine elever/lærlinger/praktikanter

32: og I vil kende sandheden og sandheden vil sætte jer fri".

33: De spurgte ham: "Vi er Abrahams efterkommere og vi har aldrig været slaver, så hvorfor sige du, at vi skal blive sat fri?"

34: Jesus svarede: "Jeg kan garantere jer, at den, der forfejler sit liv, er fejltagelsernes slave.

35: Men slaven lever ikke i huset til evig tid. Sønnen lever til evig tid.

36: Hvis Sønnen sætter jer frie, så vil I blive virkelige frie.

5. søndag efter påske: Joh 17,1-11

1: Da Jesus havde fortalt dette, løftede han sine øjne mod himlen og sagde: Fader, timen er kommet. Ær/herliggør din Søn, så Sønnen kan ærer/herliggøre dig.

2: Du har givet ham autoritet over alle mennesker, så han kunne give enhver, som du gav ham, evigt liv.

3: Dette er det evige liv, at de kender dig som den eneste sande Gud og ham, du har sendt, Jesus den salvede.

4: Jeg har æret/herliggjort dig på jorden ved at fuldføre det arbejde, du gav mig at gøre.

5: Ærer/herliggør du nu mig hos dig med den ære/herlighed, jeg havde hos dig, før verden blev til.

6: Jeg har gjort dit navn kendt for de mennesker, som du har givet mig i verden. De var dine, og du gav dem til mig og de har holdt dit ord.
7: Nu har de erkendt at alt, du gav mig, er fra dig.

8: For ordene, du gav mig, har jeg givet dem og de har erkendt i sandhed, at jeg er kommet fra dig, og de tror, at du har sendt mig.

9: Jeg beder for dem, jeg beder ikke for verden, men for dem, du gav mig, for de er dine.

10: Alt mit er dit og alt dit er mit, og jeg er blevet æret/herliggjort i dem.

11: Jeg er ikke meget længere i verden og jeg kommer til dig. Hellige Fader, bevar dem i dit navn. Det navn, som du har givet mig, for at de kan være en enhed ligesom os.

Kristi himmelfartsdag: Luk 24,46-53

46: Jesus sagde til dem (eleverne/lærlingene/praktikanterne): "Der står skrevet, sådan om den salvede/Messias, at han skulle lide og at han skulle blive bragt tilbage fra de døde på den tredje dag,

47: og en total livsforandring gennem tilgivelse af fejltagelser skal forkyndes i hans navn for alle nationer med begyndelsen her i Jerusalem,

48: og I er vidner til dette.

49: Se jeg vil sende jer det, som min Fader har lovet jer. Vent her i byen indtil I har modtaget kraft fra det høje".

50: Jesus ledte dem til et sted i nærheden af Betania og han løftede sine hænder og velsignede dem.

51: Mens han velsignede dem, forlod han dem og blev taget op i himlen.

52: De knælede og tilbad ham. Herefter vente de tilbage til Jerusalem med stor glæde.

53: De var hele tiden i templet, hvor de priste Gud.

6. søndag efter påske: Joh 17,20-26

20: Jeg beder ikke alene for dem, men jeg beder også for dem, der kommer til tro på mig på grund af deres ord.

21: for at alle kan være[1] en enhed, ligesom du er i mig og jeg i dig, for at de også må være en enhed i os, så verden må blive ved med at tro, at du har sendt mig.

22: Den herlighed[2], som du har givet mig, har jeg givet dem for at de må være en enhed ligesom vi er en enhed.

23: Jeg i dem og du i mig, for at de må være fuldkomne i en enhed.

24: Fader, jeg ønsker, at de, du har givet mig, skal være, hvor jeg er, sammen med mig, så de må se min herlighed, som du har givet mig, fordi du elskede mig, før verden blev til.

25: Retfærdige Fader, verden kendte dig ikke, men jeg kender dig og de har erkendt, at du har sendt mig

26: og jeg har gjort dit navn kendt for dem og jeg vil gøre det kendt, så den kærlighed, du har for mig, må blive i dem og jeg i dem.

[1] ὦσιν, *osin,* 3. Person flertal, præsens aktiv, subjektiv af εἰμί, *eimi,.* Sætningskonstruktionen i versene 21 og 22 betyder, at det kun er muligt for de troende at være en enhed, hvis alle finder enhed i at Gud er i Jesus.

[2] Ordret står der: Og jeg, Herligheden, med vægt på jeg. Måske er der tale om det inkarnerede Ords herlighed.

Pinsedag: Joh 14,15-21

15: ”Hvis I elsker[1] mig, vil I holde budene.

16: Jeg har bedt Faderen, og han vil give jer en anden Hjælper/Paraklet[2] og han vil være hos jer for altid.

17: Sandhedens Ånd, som verden ikke kan acceptere, fordi den, hverken kan se eller kende ham. I kender ham, for han lever med jer og er i jer.

18: Jeg vil ikke lade jer alene som forældreløse børn. Jeg kommer til jer.

19: Om kort id, vil verden ikke se mig, men I vil se mig, for jeg lever og I vil leve.

20: På den dag vil I forstå, at jeg er i min Fader og I er i mig og jeg er i jer.

21: Den, der kender[3] mine bud og har holdt dem. Vedkommende er den, der elsker mig og den, der elsker mig, er elsket af min Fader og jeg elsker vedkommende og vil vise mig for vedkommende.

[1] ἀγαπᾶτέ, *agapate*, 2. Person flertal af ἀγαπάω, *agapao*. Som her bruges i betydningen: *I bliver ved med at elske mig.* Så vil det at holde budene (i futurum/fremtid) være en naturlig følge af den vedblivende kærlighed til Jesus.

[2] Ordet på græsk er ὁ παράκλητος, *ho paraklætos*, og det er svært at oversætte til ét ord på dansk. I den autoriserede oversættelse bruges ordet talsmanden. Men det passer dårligt, fordi en talsmand på nutidsdansk er en, der af valgt af forsamlingen. Men det er der på ingen måde tale om her, da det snarere er talsmanden, der har valgt forsamlingen. I tysk tradition oversættes ordet ofte med der Tröster, der betyder trøsteren eller trøstermanden, som vi kender det fra en af vore gamle indgangsbønner. I engelsk/ amerikansk tradition oversættes ordet med the advocate eller the helper eller the comforter. På spansk oversættes det tit med el consolador. På fransk: le défenseur, og alle disse betydninger kan ligge i ordet på græsk. I den ældste oversættelse Vulgata (latinsk oversættelse) oversættes ordet slet ikke. Det gøres blot til et latinsk ord: paracletus.

Jeg har valgt at bruge ordet Hjælper, men måske var det bedst blot at gøre som Vulgata, så derfor skriver jeg både Hjælperen og Parakleten i min oversættelse.

[3] ἔχων, *ekun,* præsen participium ental af ἔχω, *jeg har.* Egentlig står der: *den, der har* mine bud, men det betyder: *den der kender dem.*

Anden pinsedag: Joh 6,44-51

44: "Ingen kan komme til mig, hvis ikke Faderen, som har sendt mig, bringer vedkommende og jeg skal oprejse vedkommende på den sidste/yderste dag.

45: Og det står skrevet hos profeterne: "De skal være undervist af Gud" [Jes 54,13 lidt frit efter LXX]. Enhver, der hører og lærer af Gud, kommer til mig.

46: Ingen har set Faderen, kun den, som er fra Gud, har set Faderen.

47: Jeg kan garantere jer: Den, som tror, har evigt liv.

48: Jeg er det levende brød.

49: Jeres forfædre spiste manna i ørkenen og døde.

50: Det her er det brød, som kommer ned fra himlen, og den, som spiser af det, skal ikke dø.

51: Jeg er det brød, det levende, som er kommet ned fra himlen og den, der spiser af dette brød, skal leve i evighed, og brødet, jeg giver, er mit legeme, til liv for verden".

Trinitatis søndag: Matt 28,16-20

16: De elleve elever/lærlinger/praktikanter tog til Galilæa til det bjerg, som Jesus havde givet dem besked om.

17: da de så ham, faldt de på knæ for ham, men nogle tvivlede.

18: Jesus kom hen til dem og begyndte at tale: "Mig er givet al autoritet i Himlen og på jorden.

19: Gå derfor ud og gør alle folk til mine elever/lærlinger/praktikanter og døb dem i Faderens, Sønnens og Helligåndens navn.

20: og lær dem at holde alt det, som jeg har pålagt jer, og se: jeg er med jer alle dage indtil tidernes ende".

1. søndag efter trinitatis: Luk 12,13-21

13: En i mængden sagde til (Jesus):"Lærer, sig til min broder, at han skal dele arven med mig".

14: (Jesus) svarede: "Menneske, hvem har udpeget mig som dommer eller skifteret blandt jer?"

15: Og Han forsatte til alle: "Se til, at I holder jer fra alslags grådighed, for livet består ikke af at have overflod af ejendele".

16: Da fortalte (Jesus) følgende fortælling: "En rig mands landbrug producerede en mægtig høst.

17: Han tænkte: "Hvad skal jeg gøre? Jeg har ikke plads nok til at samle min høst".

18: "Det gør jeg", tænkte han, "Jeg vil rive mine lader ned og bygge nogle større og der vil jeg samle min høst og al mit gods.

19: Og da vil jeg sige til mig selv: "Du har opmagasineret meget, nok til mange år. Slap af, spis, drik og vær glad.

20: Da sagde Gud til ham: "Fjols/ignorant[1], i nat vil du dø. Hvem skal så have det, du har forberedt for dig selv"?

21: Sådan er det, når en person har opmagasineret meget til sig selv, men ikke er rig i relation til Gud".

[1] ἄφρων, *afrån,* tillægsord i vocativ, ental hankøn af ἄφρων, *afrån,* fjols eller ignorant, er et gammel græsk ord, der også findes i 11,40 og i 2Kor 11,19 og som Sokrates bruger i Xenophon.

2. søndag efter trinitatis: Luk 14,25-35

25: En meget stor gruppe af mennesker fulgte med Jesus og han vendte sig om og talte til dem:

26: "Hvis nogen kommer til mig og ikke hader[1] sin far og mor og hustru og børn og brødre og søstre og endda sit eget liv, kan ikke være min elev/lærling/praktikant.

27: Så den, der ikke bærer sit kors og følger mig, kan ikke være min elev/lærling/praktikant.

28: Hvis en af jer vil bygge et vagttårn, sætter han sig så ikke først ned og beregner omkostningerne, så han har nok til at gøre det færdigt.

29: Har han lagt fundamentet og ikke er i stand til at fuldføre byggeriet, så vil alle, der ser det begynde at gøre grin med ham.

30: Og de vil sige: "Den mand begyndte at bygge, men kunne ikke gøre det færdigt".

31: Eller hvilken konge går i krig ned en anden konge uden først at have sat sig ned og reflekteret over, om han med 10000 (soldater) er stærk nok til at møde ham, som kommer imod ham, med 20000 (soldater)
32: Hvis ikke, så vil han sende en delegation for at bede om fred, mens den anden endnu er langt borte.

33: På samme måde kan ingen af jer blive min elev/lærling/praktikant uden at opgive alt.

34: Salt er en god ting, men hvis saltet mister sin saltevne, hvordan skal man så gøre det til salt igen?

35: Det duer, hverken på jorden eller på møddingen[2]. Man smider det væk. Den, der har øre, skal høre.

[1] μισεῖ, *misei.* Et gammelt meget strengt verbum, μισέω, *miseo,* at hade eller foragte. Typisk mellemøstlig sprogbrug, hvor vi uden tvivl vil tale om præferencer. Jesus mener ikke i dette vers, at vi skal hade vores forældre osv. i al almindelighed, men kun når de står i vejen for valget af at følge Jesus. *Hvis nogen kommer til mig,* som indleder verset, betyder: vil være min elev/lærling/praktikant.

[2] κοπρίαν, *koprian,* akkusativ, ental, hunkøn af κοπρία, *kopria,* møddingen findes kun her i NT og ellers i Septuaginta LXX.

3. søndag efter trinitatis: Luk 15,11-32

11: Jesus fortalte følgende: "Der var en mand, som havde to sønner.

12: Den yngste af dem sagde til sin far: "Far lad mig få min andel[1] af ejendommen". Da delte faren det, han ejede, mellem dem [de to sønner].

13: Kort tid efter samlede den yngste søn alt sit og rejste til et fremmed land langt borte. Der sløsede han sin rigdom væk i et vildt liv.

14: Da han havde brugt alle sine midler, kom der en hård hungersnød over landet, og han begyndte at lide nød,

15: og han gik hen til en af landets borgere, som sendte ham ud på sin mark for at vogte svin

16: og han ønskede at spise af de johannesbrød, som svinene åd, og ingen gav ham noget.

17: Da tænkte han efter og sagde til sig selv: "Mange af min fars ansatte har mad i overflod, mens jeg er ved at sulte ihjel.

18: Jeg vil straks rejse til min far og sige: "Far jeg har fejlet overfor Himlen og dig.

19: Jeg er ikke længere værd at kaldes din søn. Lad mig blive en af dine ansatte"

20: Straks rejste han til sin far. Mens han manglede et godt stykke, fik hans far øje på ham og blev bevæget. Løb ham i møde, omfavnede ham og kyssede ham.

21: Da sagde sønnen: "Far, jeg har fejlet overfor Himlen og dig, og jeg er ikke længere værd at kaldes din søn".

22: Men faren sagde til sine slaver: "Skynd jer at komme med den bedst klædedragt og give ham den på, og sæt en ring på hans finger og sandaler på fødderne.

23: og hent fedekalven og slagt den og lad os spise og være glade.

24: For min søn var død og er blevet levende igen, han var mistet, men er blevet fundet. Og festen begyndte".

25: Hans ældste søn var ude på markerne, og da han nærmede sig huset, hørte han musik og dans.

26: Han kaldte en af tjenerne til sig og spurgte: "Hvad sker der?".

27: Tjeneren fortalte ham: "Din bror er kommet hjem og din far har slagtet fedekalven for at fejre, at han har fået ham sikkert hjem".

28: Da blev den (ældste søn) vred og ville ikke gå ind, men hans far kom ud og bad ham om at komme ind.

29: Men han svarede sin far: "Her har jeg i alle disse år arbejdet som en slave for dig og aldrig overtrådt dine påbud, og mig har du aldrig givet et gedekid, så jeg kunne feste med mine venner,

30: men da denne din søn, som har brugt dine penge på prostituerede, kom, slagtede du fedekalven for hans skyld".

31: "Barn", svarede faren, "du er altid hos mig og alt mit er dit,

32: men nu skal vi feste, for din bror var død og er blevet levende igen og han var mistet og er blevet fundet".

[1] μέρος, *meros*, andel. Efter jødisk lov var denne andel en 1/3 af farens ejendom, da den førstefødte skulle have 2/3, se 5.Mos 21,15-17.

4. søndag efter trinitatis: Matt 5,43-48

43: "I har hørt, at det er blevet sagt: Elsk din næste og had din fjende[1].

44: Men jeg siger jer: Elsk jeres fjender og bed for dem, der forfølger jer,

45: for sådan bliver I børn af jeres Fader, i himlene, for han lader solen stå op over onde og gode og lader det regne både på de retfærdige[2] og de uretfærdige[2].

46: Hvis I kun elskede dem, der elsker jer, hvad løn får i så, selv skatteopkræverne gør det samme.

47: Hvad mere gør I, hvis I kun byder jeres egne velkommen, selv hedningene gør det samme.

48: Vær I perfekte, som jeres Fader, i himlene, er perfekt".

[1] Den sidste del med at hade din fjende findes ikke i 3.Mos 19,18, men bygger muligvis på en senere udlægning med inddragelse af Salme 139,20-22.

[2] Ordet δίκαιοι, *dikaioi*, retfærdige. Retfærdige betyder her, den rigtige relation til Gud og på samme måde med uretfærdige (ἀδίκους, *adikous*) den forkerte relation til Gud.

5. søndag efter trinitatis: Matt 16,13-26

13: Da Jesus kom til regionen omkring Casærea Filippi, begyndte han at spørge sine elever/lærlinge/praktikanter: "Hvem sige folk, at menneskesønnen er?"

14: "Nogle siger, at du er Johannes Døberen", svarede de, " Andre, at du er Elias, andre igen, at du er Jeremias eller en af profeterne."

15: "Men hvem siger I, at jeg er?", forsatte (Jesus).

16: "Du er den salvede [Messias], den levende Guds Søn", svarede Simon Peter.

17: "Velsignet af Gud er du Simon Barjonah[1], for det har kød og blod[2] ikke afsløret for dig, men min Fader, som er i Himlene", forsatte Jesus,

18: "Jeg kan garantere dig, at du er Peter[3] og på den klippe[3] vil jeg bygge min kirke, og dødsriget skal ikke for bugt med/overvinde den.

19: "Jeg vil give dig Himmerigets nøgler, og den, du fængsler på jorden, vil være fængslet i Himlene, og den, du sætter fri på jorden, vil være sat fri i Himlene."

20: Da gav han en ordre til eleverne/lærlingene/praktikanterne, at de ikke måtte sige til nogen, at han er den salvede [Messias].

21: Fra da af begyndte Jesus at informere sine elever/lærlinge/praktikanter om, at det er nødvendigt, at han tager til Jerusalem og at han vil lide meget der på grund af lederne, ypperstepræsterne og eksperterne i moseloven. Han vil blive dræbt, men på tredje dagen vil han blive bragt tilbage til livet.

22: Peter tog ham til side og begyndte at irettesætte ham: "Himlen forbyde det. Det vil på ingen måde ske med dig".

23: (Jesus) vendte sig bort og svarede Peter: "Gå væk fra mig, Satan, du er en anstødsten[4] for mig, for du tænker ikke som Gud, men som mennesker gør."

24: Da fortalte Jesus sine elever/lærlinge/praktikanter: "Den, der vil komme til mig, må opgive sit eget og tage sit kors op og følge mig.

25: For den, der vil redde sit liv, skal miste det, men den, der mister sit liv på grund af mig, skal finde det.

26: Hvad opnår den, der vinder hele verden, men som derved mister sit liv? Eller hvad vil den person købe sit liv tilbage med?".

[1] Barjonah, Βαριωνᾶ, er Jonahs søn på aramæisk, Jesu daglige sprog.

[2] Kød og blod, σὰρξ καὶ αἷμα, *sarx kai aima,* er en typisk måde at sige dødelige mennesker i modsætning til Gud.

[3] Peter og kilppe, Πέτρος, *Petros,* og πέτρα, *petra,* er et ord på samme måde som Steen/Sten er et navn og en sten.

[4] σκάνδαλον, *skandalon.* En blok, et klippestykke eller en sten, der ligger i vejen. Dvs. noget, der kan få en til at falde - til at forfejle sit liv. Skandalon er en anstødssten. Peter er med andre ord i dette vers ikke mere en klippe, som kirken skal bygges på, men en anstødssten, for han vil ophæve Jesu opgave på jorden.

6. søndag efter trinitatis: Matt 19,16-26

16: Én kom hen til (Jesus) og spurgte ham:" Hvad er det gode, jeg skal gøre, så jeg kan opnå evigt liv?".

17: "Hvorfor spørger du mig om det gode", svarede Jesus, "kun én er god. Men vil du gå ind til livet, så hold budene".

18: "Hvilke bud?". "Slå ikke ihjel, begå ikke utroskab, stjæl ikke, give ikke falsk vidnesbyrd,

19: ær din far og din mor og elsk din næste, som dig selv", svarede Jesus.

20: "Alt det har jeg overholdt", svarede den unge mand, "Hvad mere mangler jeg?".[1]

21: Jesus svarede ham: "Hvis du vil være fuldkommen, så gå hen og sælg alt, hvad du ejer og giv det til de fattige, og du vil have en skat i Himlene og kom så og følg mig",

22: Da den unge mand hørte disse ord, gik han bedrøvet derfra, for han var meget rig.

23: Da sagde Jesus til sine elever/lærlinge/praktikanter: "Jeg kan garantere jer den sandhed, at det vanskeligt for en rig at komme ind i Himmeriget.

24: Jeg kan garantere jer igen, at det er lettere for en kamel at komme igennem et nåleøje end for en rig at komme ind i Himmeriget".

25: Da eleverne/lærlingene/praktikanterne hørte det, blev de slået ud af forbløffelse[2] og de spurgte: "Hvem kan så blive frelst[3]?".

26: Da Jesus så (deres forbløffelse) sagde han: "Det er umuligt for mennesker (at frelse sig selv), men for Gud er alting muligt".

[1] Den unge mands svar er lidt af et psykologisk paradoks. Han hævder at have overholdt alt og alligevel synes han, at han mangler noget. Det ser ud som om, han tænker på det gode som noget kvantitativt – en række af gode handlinger og ikke som noget kvalitativt – det gode af Guds natur. Er han stolt af det, han har overholdt eller er han patetisk skrækslagen? Måske lidt af hvert. Er det derfor, Jesus svarer, som han gør?

[2] ἐξεπλήσσοντο, *exeplessonto*, 3. person flertal i imperfektum passiv af ἐκπλήσσω, *ekplesso*, som *betyder at blive forbløffet*. Sammen med ordet: σφόδρα, *sphodra*, som best kan oversættes med overordentlig. Sat sammen bliver min oversættelse til: *blev de slået ud af forbløffelse*.

[3] Det var en almindelig opfattelse, at rigdom var lig med Guds velsignelse og at den rige var en, Gud syntes om. Se 5. Mosebog 28, 1-14.

7. søndag efter trinitatis: Matt 10,24-31

24: (Jesus sagde): "En elev er ikke bedre end sin lærer, ej heller er en slave bedre end sin herre[1].

25: Det er nok for en elev at blive som sin lærer, eller for en slave at blive som sin herre. Hvis de kalder husets herre Beelzebul, så vil de også kalde hans familie og hushold det samme.

26: Frygt dem ikke. For det, der er skjult, skal blive afsløret og det, der er hemmeligt, skal blive kendt.

27: Det, som jeg siger jer i det dunkle, råb det ud i dagslys. Det, som hviskes jer i øret, proklamer det fra hustagene.

28: Frygt ikke dem, der kan slå kroppen ihjel, men som ikke kan tilintetgøre sjælen. Frygt snarere den, der kan kaste både sjæl og krop i/på Gehenna[2].

29: Sælges to spurve ikke for småpenge[3]? Og ikke en af dem falder til jorden uden jeres Fader.

30: Selv håret på jeres hoved er talt.

31: Så frygt aldrig, for I er mere værd end mange spurve."

[1] Efter jødisk skik var en elev dengang lærens slave. Paulus kalder derfor sig selv δοῦλος Χριστοῦ, *doulos Kristou,* Kristi slave eller den salvedes slave. Se Rom 1,1, 1 Kor 7,22, Gal 1,10 og Fil 1,1.

[2] ἐν γεέννῃ, *en gehenna,* af γέεννα, *gehenna.* Gehennas ild er den ild, der altid brænder i Hinnomdalen, der hvor nogle jøder ofrede deres børn til Molok (2. Kong 23,10 og 3 Mos 18,21). Gehenna er ikke det samme som Hades, dødsriget, hvor alle afdøde er, uden at der skelnes til deres individuelle moralske konditioner. I Luk 16,23ff er både det pinefulde sted og Abrahams skød (Himlen?) adskilt af en kløft, men dog begge i Hades, dødsriget. Derfor oversætter jeg blot det som står: i/på Gehenna, underforstået Gehennas ild.

[3] ἀσσαρίου, *assariou,* genitiv af ἀσσάριον, *assarion,* som er en diminutiv af den mindste romerske mønt *as* med en værdi på 1/6 af en dagløn for daglejer. Dvs. mindre end en 1/6 af en denar, derfor *småpenge.*

8. søndag efter trinitatis: Matt 7,22-29

22: "Mange vil sige til mig på den dag: Herre, Herre, profeterede vi ikke i dit navn, og uddrev vi ikke dæmoner i dit navn, og gjorde vi ikke mange mirakler i dit navn.

23: Og da vil jeg sige offentligt til dem: jeg har ikke kendt jer. Gå herfra I, som gør det onde.

24: Enhver, som hører, disse mine ord og som omsætter dem i praksis, ligner en fornuftig person, som byggede sig et hus på klippegrund.

25: Regnen styrtede ned, floder kom, vindene stormede og bankede imod det hus, men det kollapsede ikke, fordi det var funderet på klippegrund.

26: Enhver, som hører, disse mine ord og ikke omsætter dem i praksis, ligner en ufornuftig, som byggede sig et hus på sand.

27: Regnen styrtede ned, floder kom, vindene stormede og bankede imod det hus, og det kollapsede og dets ødelæggelse var total.

9. søndag efter trinitatis: Luk 12,32-48 eller Luk 18,1-8

Luk 12,32-48:

32: "Vær ikke bange, lille flok, for jeres Fader har med glæde besluttet at give jer riget.

33: Sælg jeres ejendele og giv det til de fattige. Gør jer selv til punge, der ikke går i stykker[1], skaf jer en skat, der ikke forgår, i Himlene, hvor hverken tyv eller møl kan komme tæt nok til at ødelægge den.

34: Jeres hjerte vil være, hvor jeres skat er.

35: Vær klar til at handle [egentligt: bind bælterne om jer, så I er klar] og lamperne tændt.

36: Vær som mennesker, der venter på, at deres herre skal komme tilbage efter en bryllupsfest, så de straks, når han banker på døren, kan åbne den.

37: Velsignet er, de slaver, hvis herre finder dem vågne, når han kommer. Jeg kan garantere jer, at han vil gøre sig klar til at handle og få dem til at lægge sig til bords og servere for dem.

38: Velsignet er de, hvis han kommer ved midnat eller tidligt om morgen[2] og finder dem vågne.

39: Det ved I: Hvis husejeren kendte tidspunktet. Hvor tyven kom, ville han ikke tillade ham at bryde ind [egentligt: at grave igennem væggen. Huse var dengang lavet af mudder og strå].

40: Vær I forberedte, for Menneskesønnen kan komme, når I mindst regner med det".

41: "Herre", spurgte Peter, " taler du i den fortælling om os eller om alle"?

42: Herren svarede: "Hvem er den trofaste og forstandige forvalter, som herren satte over sine tjenere for at han skulle give dem deres ration af mad til rette tid?

43: Velsignet er den slave, hvis herre finder, at han gør dette job, når han kommer.

44: Jeg kan garantere jer denne sandhed: Han vil sætte ham til at forvalte alt, hvad han ejer.

45: På den anden side, hvis denne slave tænker: det tager tid, før herren kommer og han begynder at slå de mandlige og kvindelige tjenere, spise, drikke og blive fuld,

46: så vil slaves herren komme på et tidspunkt, (slaven) hverken venter eller kender, og herren vil straffe ham strengt og give ham plads blandt de troløse.

47: Den slave, der kender sin herres vilje og som hverken har forberedt sig eller udført sin herres vilje, vil få mange piskeslag.

48: Men den slave, der ikke vidste noget, og som har gjort noget, der kræver påtale, vil straffes med få piskeslag. Meget vil blive forventet af den, der har fået meget og mere vil blive krævet af den, som har fået betroet en masse.

[1] Punge er her et billede på indholdet. Dvs at man skal gøre sig selv til en pung, der bliver ved med at punge ud til gavn for andre og som ikke bliver slidt op.

[2] Tænkes der her på den romerske inddeling af nattevagter så er der fire vagter og så vil tredje nattevagt begynde kl. 24. Vagterne gik fra 18-21, 21-24, 24-03 og 3-6. Hvis der er tale om den jødiske inddeling af nattevagter så er der tre og så vil den tredje nattevagt begynde kl. 2 om morgen. Vagterne gik fra 18-22, 22-2 og 2-6. Derfor har jeg valgt at oversætte, som jeg gør: ved midnat eller tidligt om morgen.

eller Luk 18,1-8

1: Jesus fortalte følgende fortælling til eleverne/lærlingene/praktikanterne, for at vise at det er nødvendigt altid at bede[1] og ikke give op:

2: "I en by var der en dommer, som hverken ville vide af Gud eller respektere mennesker.

3: I denne by var der også en enke[2], som ofte kom til ham [dommeren] og sagde: "Skaf mig ret overfor min modpart".

4: I en tid ville dommeren ikke gøre noget, men sidenhen tænkte han: "Selvom jeg hverken vil vide af Gud eller respekterer mennesker

5: vil jeg skaffe hende ret, ellers vil hun blive ved med at komme og gå mig på nerverne og til sidst vil hun komme til at slide mig op".

6: Jesus sagde da: "Hør, hvad den uærlige dommer siger,

7: skulle Gud så ikke skaffe ret til sine udvalgte, når de råber om det, dag og nat? Er han for sløv til at hjælpe?

8: Jeg kan garantere, at han vil give jer ret hurtigt! Men når Menneskesønnen kommer, vil han så finde en sådan tro på jorden?".

[1] Hos Lukas er bøn en vigtig del af et kristent liv og den skal være vedvarende, men ikke non-stop.

[2] Enken er en af dem, der tales om i Luk 20,47. Enker repræsenterer hos Lukas de trængende, hjælpeløse, fattige, udsatte og undertrykte. Lukas omtaler enker i 2,37, 4,25-26, 7,12, 20,47, 21,2-4 foruden her og i Apg 6,1, 9,31 og 9, 41. I de andre synoptiske evangelier omtales enker kun tre gange.

10. søndag efter trinitatis: Matt 11,16-24

16: "Hvad skal jer sammenligne denne generation med. De ligner børn, der sidder på torvet og råber til de andre (børn):

17: "Vi spillede på fløjte for jer og I dansede ikke. Vi sange begravelsessalmer og I viste ingen sorg".

18: Johannes kom og han spiste ikke og han drak ikke, og folk sagde: "Han er besat af en dæmon."

19: Menneskesønnen, som både spiser og drikker, kom og folk sagde: Se, en grovæder og en dranker, ven med skatteopkrævere og dem, der har forfejlet deres liv. Men visdommen blev berigtiget ved sine gerninger".

20: Da begyndte (Jesus) at fordømme de byer, hvori de fleste af hans underfulde gerninger var sket, fordi de ikke havde forandret deres liv.

21: Hvor forfærdeligt Korazin, hvor forfærdeligt Betsaida, for hvis de gerninger, som er sket i jer, var sket i Tyrus og Sidon, så havde de for længst i sæk og aske forandret deres liv.

22: Jeg kan garantere jer, at det vil gå Tyrus og Sidon bedre på dommens dag end jer.

23: Og du, Kapernaum, bliver du ophøjet til Himlene? (Nej) du bliver smidt ned i dødsriget. Hvis de gerninger, som er sket i dag, var sket i Sodoma, så havde den været her endnu.

24: Jeg kan garantere dig, at det går Sodoma bedre på dommens dag end dig.

11. søndag efter trinitatis: Luk 7,36-50

36: En af farisæerne indbød (Jesus) til et måltid, og han kom til farisæerens hus og lagde sig til bords.

37: Der var i byen en kvinde, der havde forfejlet sit liv, og da hun erfarede, at (Jesus) lå til bords i farisæerens hus, tog hun en alabasterkrukke med parfume,

38: og hun stod bagved Jesu fødder og græd. Med sine tårer begyndte hun at vaske Jesu fødder og hun tørrede dem med sit hår. Kyssede Jesu fødder og hældte dem over med parfume.

39: Da farisæeren, som havde indbudt Jesus, så alt dette, tænkte han ved sig selv: "Hvis denne mand var en profet, så ville han vide, hvad slags kvinde, der rørte ved ham, at hun var en kvinde, der havde forfejlet sit liv".

40: "Simon, jeg har noget, jeg vil sige dig", sagde Jesus. "Sig frem, lærer", svarede Simon.

41: (Jesus sagde): "To skyldte penge til en pengeudlåner. Den ene skyldte 500 denarer og den anden skyldte 50.

42: Da de begge ikke kunne betale tilbage, eftergav han[pengeudlåneren] gavmildt dem begge. Hvem af dem elskede ham mest?".

43: Simon svarede: "Jeg formoder, at det er den, som han eftergav mest!" "Du svarede korrekt", sagde Jesus.

44: Vendt mod kvinden, sagde han, til Simon: " Ser du denne kvinde. Jeg kom ind i dit hus og du gav mig ikke vand til mine fødder, men hun har vasket mine fødder med sine tårer og tørret dem med sit hår.

45: Et kys gav du mig ikke, men siden jeg er kommet ind, er hun ikke ophørt med at kysse mine fødder.

46: Du smurte ikke mit hoved med olivenolie, men hun hældte mine fødder over med parfume.

47: Derfor siger jeg til dig: Alle hendes fejltagelser er tilgivet hende, for hun har elsket meget og den, der elsker meget, tilgives meget.

48: Da sagde (Jesus) til hende: Dine fejltagelser tilgives dig".

49: De andre gæster tænkte: "Hvem er denne mand, som tilgiver fejltagelser?"

50: (Jesus) sagde til kvinden: "Din tro har frelst dig. Gå med fred".

12. søndag efter trinitatis: Matt 12,31-42

31: Derfor, kan jeg garantere jer, at enhver fejltagelse mod Gud[1] og bespottelse vil blive tilgivet, men bespottelse mod Helligånden vil ikke blive tilgivet.

32: Og den, som taler imod Menneskesønnen, vil blive tilgivet, men den, som taler imod Helligånden, vil ikke blive tilgivet hverken i denne verden eller den kommende.

33: Tag et godt træ og dets frugt vil være god eller tag et dårligt træ og dets frugt vil være dårligt, for et træ kendes på dets frugt.

34: Slangeyngel, hvordan kan I, som er onde, sige noget godt? For munden siger det, der kommer flydende ud af det indre.

35: Et godt menneske tager godt ud af sit gode indre og et ondt menneske tager ondt ud af sit onde indre.

36: Jeg kan garantere jer, at på dommens dag skal folk aflægge regnskab for ethvert ord, de har talt.

37: På grund af dine ord vil du blive erklæret uskyldig eller på grund af dine ord vil du blive erklæret skyldig.

38: Da sagde nogle eksperter i moseloven og farisæere (ham): " Lærer, vi ønsker at se et tegn".

39: Men (Jesus) svarede dem: "En ond og utro generation søger et tegn, men intet tegn vil blive givet ud over Jonas´ tegn.

40: For ligesom Jonas var tre dage og tre nætter i kæmpefisken, således vil Menneskesønnen være tre dage og tre nætter i jordens hjerte.

41: Folk i Nineve vil stå op på dommens dag sammen med denne generation og fordømme den, for de forandrede deres liv på grund af det Jonas prædikede. Men her er mere end Jonas.

42: Dronningen fra syd vil stå op på dommens dag sammen med denne generation og fordømme den, for hun kom fra verdens ende for at høre Salomons visdom. Men her er mere end Salomon.

[1] ἁμαρτία, *hamartia* gengives normalt på dansk med ordet *synd*, men da ordets idiom betyder: *enhver handling, der er i modsætning til Guds vilje*, så oversætter jeg med: *fejltagelse mod Gud.*

13. søndag efter trinitatis: Matt 20,20-28

20: Da kom Zebudæussønnernes mor hen til (Jesus) med sine sønner og hun knælede og bad ham om noget [specielt].

21: Jesus spurgte hende: "Hvad ønsker du?". "Lov", svarede hun, "at den ene af mine sønner skal sidde på din højre side og den anden på din venstre side i dit rige".

22: Jesus svarede: " I ved ikke, hvad du beder om. Er I, i stand til drikke det bæger, som jeg skal drikke?" "Det kan vi", sagde de.

23: "Mit bæger skal I drikke", svarede (Jesus), "men pladserne til højre og venstre for mig den kan jeg ikke tildele, for de er forbeholdt for nogen af min Fader".

24: Da de 10 hørte det, blev de forbitret på de to brødre.

25: Jesus sammenkaldte dem og sagde: "I ved, at landenes leder har uindskrænket magt over dem, og at de mægtige udøver magt over dem.

26: Således skal det ikke være blandt jer, men den, der vil være stor blandt jer, skal være jeres tjener [diakon],

27: og den, der vil være den første blandt jer, skal være jeres slave,

28: ligesom menneskesønnen ikke er kommet for at lade sig tjene, men for at tjene og give sit liv som løsesum for mange."

14. søndag efter trinitatis: Joh 5,1-15

1: Derefter var der en jødisk fest og Jesus gik op til Jerusalem.

2: Der var i Jerusalem ved fåreporten et bassin, der på hebræisk/aramæisk hed Betesda. Den havde fem overdækket søjlegange.

3: I dem lå mange svage mennesker, blinde, lamme, udtærede

[Her har nogle oversættelser et vers 3b og et vers 4, som i den danske autoriserede oversættelse. NA 28 og tidligere udgaver af NA har udeladt denne interpolation sammen med mange nyere og ældre oversættelser end den danske autoriserede oversættelse.][1]

5: Der lå en mand, som havde været syg i 38 år.

6: Da Jesus så (manden), ligge der og vidste, at han havde været syg længe, spurgte Jesus ham: "Ønsker du/ vil du være rask"?

7: Den syge svarede: "Herre, jeg har ingen, der kan kaste mig i poolen, når vandet bliver bevæget. Mens jeg prøver, stiger en anden ned før mig".

8: Jesus siger til ham: "Rejs dig op og tag din liggemåtte og gå ud og lev[2]"!

9: Straks blev manden rask og tog sin liggemåtte og gik ud for at leve[2]. Det skete på jødernes hviledag, Sabbatten.

10: Så jøderne sagde til ham, der var blevet rask: " Det sabbat og du må ikke [egentligt: det er dig ikke tilladt at] bære din liggemåtte.

11: Men han svarede dem: "Han, som gjorde mig rask, han sagde: "Tag din liggemåtte og gå ud og lev[2]".

12: "Hvem er den mand, som sagde til dig: "Tag den og gå ud og lev[2]"? spurgte de.

13: Manden, som var blevet rask, vidste ikke, hvem det var, for Jesus havde forladt gruppen af mennesker på stedet.

14: Senere fandt Jesus ham i templet og sagde til ham: "Nu er du blevet rask, så gør ikke noget forkert/dumt, så ikke noget værre skal ramme dig".

15: Manden gik hen og fortalte jøderne, at det var Jesus, som havde gjort ham rask.

[1] 3b-4 kan oversættes, hvis det medtages sådan: "De ventede på, at vandet bevægede sig. Folk troede, at på et givent tidspunkt kom en Herrens engel ned i bassinet og bevægede vandet. Den der først kom ned i vandet efter den bevægelse af vandet ville blive helbredt fra en hvilken som helst lidelse". Disse vers findes ikke i de vigtigste håndskrifter og allerede Tertullian (160-220) gør som den første opmærksom, at det er en tilføjelse for at gøre vers 7 mere forståeligt.

[2] περιπάτει, *peripatei*, imperfektum 3. Person ental af περιπατέω, *peripateo*, der betyder *at gå omkring, at leve eller at organisere dit liv.* For at få dette idiom fra det græske med i oversættelsen har jeg oversat, som jeg gør.

15. søndag efter trinitatis: Luk 10,38-42

38: Da de var på vej, kom de til en landsby. En kvinde ved navn Martha modtog ham som gæst.

39: Hun havde en søster, som hed Maria og hun satte sig ved Herrens fødder for at høre ham tale.

40: Men Martha, som var forhindret af alt den mad, som hun skulle tilberede, kom og spurgte [Jesus]: "Herre, er du ligeglad med, at min søster har ladet mig alene om at tilberede alle retterne/alt maden. Sig til hende, at hun skal hjælpe mig".

41: Herren svarede hende: "Martha, Martha, du bekymrer dig og bliver urolig over mange ting/retter[1].

42: "En er nok. Maria har valgt den gode ret/portion[2] og den skal ikke tages fra hende".

[1] πολλά, *polla*, flertal i akkusativ af πολύς, *polys*, og det betyder mange – underforstået et eller andet: det kan være ting, men det kan også være retter. Det vil passe bedst med næste vers.

[2] μερίδα, merida, ental i akkusativ af μερίς, *meris*. Det betyder en ret eller en portion. En humoristisk måde at udtrykke sig på: en ret er tilstrækkelig - det behøver ikke at være det store kolde bord.

16. søndag efter trinitatis: Joh 11,19-45

19: Mange jøder var kommet til Martha og Maria for at trøste dem på grund af deres brors (død).

20: Da Martha hørte, at Jesus var på vej, gik hun ud for at møde ham, mens Maria blev siddende i huset.

21: Martha sagde til Jesus: "Herre, hvis du havde været her, så var min bror ikke død[1].

22: Men selv nu ved jeg, at hvad som helst du beder Gud om, vil Gud give dig".

23: "Din bror skal stå op", svarede Jesus hende.

24: "Jeg ved, at han skal stå op på den yderste dag, når alle står op", svarede Martha.

25: Jesus svarede hende: "Jeg er den, der får mennesker til at stå op og jeg er selve livet. Den som tror på mig, skal leve, selv hvis han dør.

26: og enhver, som lever og tror på mig skal i al evighed ikke dø. Tror du det"?

27: "Ja, Herre", svarede Martha, jeg har troet[2] (og tror fortsat), at du er Messias/den salvede, Guds søn, som kommer til verden".

28: Da hun havde sagt dette, gik hun og kaldte på Maria, hendes søster, og hviskede (til hende): "Læreren er her og han kalder på dig".

29: Da hun [Maria] hørte det, stod hun hurtigt op og gik til ham.

30: Jesus var endnu ikke kommet ind i landsbyen, men var på det sted, hvor Martha mødte ham.

31: Da jøderne, som var i huset sammen med hende for at trøste hende, så, at hun rejste sig hurtigt og gik ud, fulgte de hende, fordi de mente, at hun gik ud til graven for at græde dér.

32: Da Maria ankom, hvor Jesus var og så ham, knælede hun ned foran hans fødder og sagde: "Herre, hvis du havde været her, så var min bror ikke død[1].

33: Da Jesus så hende græde og jøderne, som var kommet med hende, græde, blev han stærkt bevæget og kæmpede med at få styr på sig selv,

34: og han spurgte: "Hvor har I lagt ham?" "Herre, kom og se", svarede de.

35: Jesus græd.

36: Jøderne sagde derfor: "Se, hvor han elskede ham".

37: Men nogle af dem sagde: "Kunne han, som åbnede øjnene på en blind, ikke gøre således, at han [Lazarus] ikke skulle dø".

38: Dybt bevæget igen gik Jesus hen til graven. Det var en gravhule med en sten for indgangen.

39: Jesus sagde: "Fjern stenen". Martha, den dødes søster, sagde: "Herre, det stinker, for han har været død i fire dage".

40: Jesus svarede hende: "Har jeg ikke sagt dig, at hvis du tror, skal du se Guds herlighed".

41: De fjernede stenen og Jesus så op og sagde: "Fader, jeg takker dig, fordi du hører mig.

42: Jeg ved, at du altid hører mig, men på grund af alle dem, der står heromkring, sagde jeg det, for at de skal tro, at du har sendt mig".

43: Da han havde sagt det, råbte han med høj røst: "Lazarus, kom herud".

44: Den døde kom ud, omviklet af stykker af stof på fødder og hænder og med ansigtet dækker af et ligklæde. Jesus sagde til dem: "Løs ham og lad ham gå".

45: Mange af jøderne, som var kommet til Maria og som så det, han gjorde, kom til tro på ham.

[1] Samme ord og grammatiske konstruktion af sætningen fra "Herre … og til død" bruges af Maria i vers 32 og af Martha i vers 21.

[2] ἐγὼ πεπίστευκα: *ego. Jeg* er med for at understrege, det Martha siger. πεπίστευκα, *pepisteuka,* perfektum aktiv i 1. person af πιστεύω, *pisteuo,* tror: Jeg har altid troet (og tror fortsat) i betydningen, at det er en fast og sikker, vedvarende tro Martha giver udtryk for.

17. søndag efter trinitatis: Mark 2,14-22

14: Da (Jesus) gik, så han Levi, Alfæus´ søn sidde ved skattekontoret, og (Jesus) begyndte at tale til ham: "Slå følge med mig". Han stod op og fulgte ham.

15: Senere sad (Jesus) til bords [egentligt: lå til bords] i hans hus og mange skatteopkrævere og de, der havde forfejlet deres liv[1] spiste sammen med Jesus og hans elever/lærlinge/praktikanter, for der var mange, som fulgte ham.

16: Da eksperterne i moseloven blandt farisæerne så, at han spiste med dem, der havde forfejlet deres liv og skatteopkrævere, spurgte de hans elever/lærlinge/praktikanter: "Hvorfor spiser han med toldere og de, der har forfejlet deres liv.

17: Jesus hørte det og svarede dem: "De raske har ikke brug for en læge, men det har de syge. Jeg er ikke kommet for at kalde dem, der tror, de har Guds accept, men dem, der har forfejlet deres liv.

18: Johannes´ elever/lærlinge/praktikanter og farisæernes elever/lærlinge/praktikanter fastede – Nogle kom til (Jesus) og spurgte: "Hvorfor faster Johannes´ elever/lærlinge/praktikanter og farisæernes elever/lærlinge/praktikanter, men dine elever/lærlinge/praktikanter faster ikke?".

19: Jesus svarede: "Kan bryllupsgæsterne faste, når brudgommen stadig er sammen med dem?

20: Der vil komme en dag, hvor brudgommen vil blive taget fra dem. På den dag kan de faste.

21: Ingen vil sy et nyt, uvasket, stykke stof på en gammel frakke, for så vil det nye stykke krympe og rive det gamle stof i stykker og hullet vil blive værre,

22: og ingen hælder ny vin på gamle lædersække, for så vil vinen rive i sækkene og ødelægge dem. Ny vin hælder man på nye lædersække".

[1] Ordet, ἁμαρτωλοὶ, *hamartoloi,* som traditionelt oversættes med syndere foretrækker jeg at oversætte med: *de, der har/havde forfejlet deres liv,* idet ordet snarere betyder: De, der har ramt

ved siden af i forhold til det, man burde i omgivelsernes øje, end vor nutidige brug af ordet synder.

18. søndag efter trinitatis: Joh 15,1-11

1: "Den sande vinstok, det er mig og min Fader er vinbonden.

2: Enhver gren på mig, der ikke bærer frugt, fjerne han og enhver [gren] der bærer frugt, renser han for at den skal bære endnu mere frugt.

3: I er allerede rene på grund af det, jeg har fortalt jer.

4: Lev i mig og jeg vil leve i jer. Ligesom en gren ikke kan frembringe frugt af sig selv, hvis ikke den bliver på vinstokken, således kan I heller ikke, hvis ikke I lever i mig.

5: Vinstokken, det er mig, og I er grenene. Den, som lever i mig og jeg i vedkommende, vil frembringe megen frugt, for uden mig kan I intet gøre.

6: Den, som ikke lever i mig, bliver smidt ud og tørrer ud og samlet sammen og kastet på bålet og bliver brændt.

7: Hvis I lever i mig og det, jeg har fortalt jer, lever i jer, så kan I bede om, hvad I ønsker og det vil blive givet jer.

8: I ærer min Fader, når I bærer megen frugt og viser at I er mine elever/lærlinge/praktikanter.

9: Ligesom min Fader har elsket mig, således har jeg elsket jer. Lev i min kærlighed.

10: Hvis I holder mine bud, vil I leve i min kærlighed, ligesom jeg har holdt min Faders bud og lever i Hans kærlighed.

11: Jeg har fortalt jer dette for at min glæde skal være i jer og jeres glæde blive fuldkommen.

19. søndag efter trinitatis: Joh 1,35-51

35: Næste morgen stod Johannes og to af hans elever/lærlinge/praktikanter der igen.

36: Da (Johannes) fik øje på Jesus, sagde han: "Se, Guds lam".

37: Da hans to elever/lærlinge/praktikanter hørte det, fulgte de efter Jesus.

38: Jesus vendte sig om og så dem, der fulgte ham og spurgte: "Hvad søger I". "Rabbi", det betyder lærer, svarede de: "hvor opholder du dig"?

39: Han sagde: "Kom og se". Så fulgte de og så, hvor han opholdt sig og blev resten af dagen. Klokken var ca. 4 om eftermiddagen[1].

40: Andreas, Simon Peters bror, var en af de to, der hørte Johannes og fulgte efter (Jesus).

41: Han fandt først sin bror Simon og sagde: "Vi har fundet Messias, det betyder den salvede.

42: Han tog ham med til Jesus. Jesus så på ham og sagde: Du er Simon, Johannes´ søn, du skal kaldes Kefas, det betyder Peter.

43: Næste dag gik Jesus mod Galilæa og traf Filip og Jesus sagde til ham: "Følg mig"

44: Filip var fra Betsaida ligesom Andreas og Peter.

45: Filip fandt Natanael og sagde til ham: "Ham, som Moses i loven og profeterne har skrevet om, har vi fundet, Jesus, Josefs søn fra Nazareth.

46: Natanael svarede: "Kan noget godt komme fra Nazareth"? "Kom og se" sagde Filip.

47: Da Jesus så Natanael komme hen mod sig, sagde han: "Se, der er i sandhed en israelit som ikke er falsk".

48: Natanael spurgte: "Hvorfra kender du mig". Jesus svarede: "Før Filip kaldte på dig, så jeg dig under figentræet".

49: Natanael svarede: "Rabbi" du er Guds søn, du er Israels konge".

50: Jesus sagde da: "Fordi jeg sagde, at jeg så dig under figentræet, tror du. Du skal se større ting end det",

51: og han forsatte: "Jeg kan garantere jer, I skal se Himlen åben og Guds engle stige op og ned over menneskesønnen".

[1] Egentlig står der hen ved den tiende time. Klokken 4 om eftermiddagen.

20. søndag efter trinitatis: Matt 21,28-44

28: "Hvad tænker I om dette: En mand havde to børn og han gik til det første og sagde: "Barn[1], gå ud, i dag og arbejd i min vingård".

29: "Det vil jeg ikke", svarede han, men senere fortrød[2] han og gik derud.

30: (Faderen) gik til det andet (barn) og sagde præcis det samme. "Det skal jeg nok, Herre", svarede han, men han gik ikke der ud".

31: "Hvem af de to gjorde det, faderen ønskede?", spurgte (Jesus). "Den første" (svarede de). "Jeg kan garantere jer, at skatteopkræver og prostituerede går ind i Guds rige før jer", sagde Jesus.

32: Johannes kom og viste vejen til den rette relation til Gud, men I troede ham ikke. Skatteopkræverne og de prostituerede troede ham, og da I så det, blev I ikke senere så berøvet, at I fortrød[2] og troede ham.

33: "Hør en anden fortælling: En jordejer plantede en vingård og satte en mur op om den, gravede en vinperse i den og opførte et vagttårn og så forpagtede han den ud til nogle vinarbejdere.

34: Da druehøsten nærmede sig, sendte han nogle af sine slaver til vinarbejderne for at få sin del af høsten.

35: Vinarbejderne greb hans slaver: En tævede de voldsomt, en anden dræbte de og en smed de sten på.

36: Så sendte han igen salver, flere end første gang og de [vinarbejderne] gjorde det samme ved dem.

37: Til sidst sendte han sin søn til dem, idet han tænkte: "De vil respektere min søn".

38: Da vinarbejderne så sønnen, sagde de til hinanden: "Se, det er arvingen, kom, lad os slå ham ihjel og beholde hans arv".

39: Og de greb ham og drev ham ud af vingården og dræbte ham.

40: Når vingårdens ejer kommer, hvad vil han så gøre med disse vinarbejdere?"

41: "Han vil udrydde disse onde vinarbejdere", svarede de, "og forpagte vingården til andre vinarbejdere, som vil give ham hans andel af udbyttet, når tid er".

42: "Har I aldrig læst i skrifterne", spurgte Jesus, "Den sten, som håndværkerne kasserede, er blevet hovedhjørnestenen. Herren er ansvarlig for det og det er fantastisk for vore øjne.

43: Derfor kan jeg garantere jer, at Gudsriget vil blive taget fra jer og givet til et folk[3], som vil bringe dets [rigets] frugter.

44[4]: Enhver, som falder over denne sten, vil blive slået i stykker og den, som stenen falder på, vil blive knust".

[1] τέκνον, *teknon,* betyder *barn* og er en mere kærlig tiltale end hvis der havde stået υἱός, *hyios, søn,* se 1. Joh 2,18; 3,7: 3,18; 4,4 og 1 Joh 5,4. Ordet *børn* er det samme ord i flertal: En mand havde to børn.

[2] μεταμεληθεὶς, *metameletheis,* aorist passiv, participium i ental, nominativ, hankøn af μεταμέλομαι, *metamelomai:* at fortryde eller blive bedrøvet. Dvs han blev bedrøvet i en sådan grad, at han fortrød sit svar. Ordet findes kun fem steder i NT: Matt 21,29 og 31, 27,3; 2.Kor 7,8 og Hebr 7,21, og det må ikke forveksles med μετάνοια, *metanoia,* der betyder skifte retning, vende om, se Paulus skelnen mellem de to ord i 2.Kor 7,8-9.

[3] ἔθνει, *ethnei,* dativ aaf ἔθνος, *ethnos:* et ikke-jødisk folk eller nation.

[4] Dette vers findes ikke i en del af håndskrifterne og måske bør det udelades.

21. søndag efter trinitatis: Luk 13,1-9

1: Ved den tid kom nogle personer og underrettede (Jesus) om de galilæere, hvis blod Pilatus havde blandet med deres offerdyrs blod.

2: Jesus spurgte dem: "Mener I, at disse galilæere har forfejlet deres liv mere end andre galilæere?

3: Nej, kan jeg garantere jer, men hvis I ikke skifter retning i jeres liv, så vil I omkomme på samme vis.

4: Eller hvad med de 18, som døde, da vagttårnet i Siloam faldt ned over dem. Tænker I, at de var mere skyldige end alle andre mennesker, der lever i Jerusalem?

5: Nej, kan jeg garantere jer. Men hvis ikke I skifter retning i jeres liv, vil I dø på samme måde.

6: Da fortalte Jesus følgende fortælling: En mand havde et figentræ plantet i sin vingård og han kom for at lede efter figner på det, men fandt ingen.

7: Han sagde da til sin gartner: "I tre år er jeg kommet for at finde figner på dette figentræ, men jeg har aldrig fundet nogen. Fæld det. Hvorfor skal det udsuge jorden"?

8: Gartneren svarede: "Herre, lad det står et år mere og jeg vil grave om det og gøde det.

9: Måske vil det bære frugt næste år. Hvis ikke kan du fælde det".

Alle helgens dag: Matt 5,13-16 eller Matt 5,1-12

Matt 5,13-16

13: I er salt for jorden[1], men hvis saltet mister sin kraft, hvordan skal det så blive til salt igen, det er ikke mere værd, undtagen til at blive smidt ud, og trampet ned af folk[2].

14: I er lys for verden. En by, som ligger på et bjerg, kan ikke skjules.

15: Man tænder ikke en olielampe og stiller den under en stor skål[3], men på en lampestander, så den kan lyse på alle i huset.

16: På samme måde: Lad jeres lys skinne for folk, så de kan se jeres gode handlinger og prise jeres Fader i himlene.

[1] τῆς γῆς *tes ges*, genitiv af ordet: jord. Denne genitiv kan forstås på flere måder. Den kan være en possessiv genitiv: *jordens salt*, eller en objektiv genitiv: *salt for jorden*, eller en genitiv, der udtrykker en hensigt: *saltet, der skal fylde jorden.* Jeg har valgt at forstå det som en objektiv genitiv på grund af sammenhængen.

[2] καταπατεῖσθαι, *katapateisthai*, præsens passiv infinitiv af καταπατέω, *katapateo*, trampe på, som ofte betyder en handling af foragt.

[3] μόδιον, *modion,* akkusativ af μόδιος, *modios,* en stor skål, som anvendes til at måle korn.

Matt 5,1-12

1: Da Jesus så folkeskaren gik han op på bjerget og da han havde sat sig, kom hans elever/lærlinge/praktikanter hen til ham.

2: og han begyndte at undervise dem:

3: "Velsignede af Gud[1] er de fattige i ånden, for Himmeriget tilhører dem.

4: Velsignede af Gud[1] er de, der sørger, for de vil blive trøstet.

5: Velsignede af Gud[1] er de milde, for de skal arve jorden.

6: Velsignede af Gud[1] er de, der har sult og tørst efter det, der er rigtigt i Guds øjne, for de skal mættes.

7: Velsignede af Gud[1] er de, der viser barmhjertighed, for de skal selv vises barmhjertighed.

8: Velsignede af Gud[1] er de, hvis tanker er rene, for de skal se Gud.

9: Velsignede af Gud[1] er de, som skaber fred, for de skal blive kaldt Guds børn.

10: Velsignede af Gud[1] er de, der er forfulgte, fordi de gør det, der er rigtigt i Guds øjne, for Himmeriget tilhører dem.

11: Velsignede af Gud[1] er I, når folk forkaster jer, forfølger jer og taler ondt om jer og lyver, på grund af mig.

12: Glæd jer og vær glade, for I har en belønning i himlene. Således har man forfulgt profeterne før jer.

[1] μακάριοι, adjectiv, nominative, flertal, hankøn. En prosa form af det poetiske *mákar*. Jeg oversætter det med *velsignede af Gud* i betydningen af at have Guds fylde og Guds accept i hjertet.

22. søndag efter trinitatis: Matt 18,1-14.

1: Ved den tid kom eleverne/lærlingene/praktikanterne til Jesus og spurgte: "Hvem mon er den vigtigste i Himmeriget?".

2: Han kaldte på et lille barn og stillede det i deres midte.

3: "Jeg kan i sandhed garantere jer, at hvis I ikke forandrer jer og bliver som dette lille barn, så vil I aldrig komme ind i Himmeriget", svarede han.

4: "Enhver, der bliver, som dette lille barn, er den vigtigste i Himmeriget.

5: Og den, der byder et sådan lille barn velkommen i mit navn, byder mig velkommen.

6: Men for den, der får en af disse mindste, der tror på mig, til at miste troen, vil det være bedre af få en stor møllesten[1] hængt om halsen og blive kastet i havet, hvor det er dybest.

7: Hvor forfærdeligt for verden, fordi den får mennesker til at miste troen, for det at miste troen vil stige og forfærdeligt vil det blive for den, der bringer mennesker til at miste troen.

8: Når din hånd eller din fod får dig til at miste troen, så hug den af og kast den fra dig, for det er bedre for dig at gå ind til livet skadet eller handicappet, end med begge hænder i behold eller begge fødder i behold at blive kastet i den evige ild.

9: Og hvis dit øje får dig til at miste troen, så riv det ud og kast det fra dig, for det er bedre for dig at gå enøjet ind til livet end med begge øjne i behold at blive kastet i forbrændingens ild[2].

10: Pas på, at I ikke foragter en af disse små, for jeg forsikrer jer, at deres engle i Himlene altid ser min himmelske Faders ansigt.

11[3]:

12: Hvad mener I? hvis en mand har 100 får og et af dem bliver væk, forlader han så ikke de 99 på bjerget, for at gås ud og lede efter det, der blev væk.

13: Og finder han det, så kan jeg forsikre jer, at han glæder sig meres over dette end de 99, der ikke blev væk.

14: Sådan er det jeres himmelske Faders vilje, at ingen af de mindste små skal blive væk."

---

[1] μύλος ὀνικός, *mylos ovikos,* betyder egentlig en møllesten (topsten), der er så stor, at kun et æsel kan trække den.

[2] Forbrændingens ild er en oversættelse af Jerusalem affaldsforbrænding i Hinnom-dalen, Gehenna.

Traditionelt oversat med helvedes ild, men jeg har valgt at benytte det idiom, der findes i tekstens græske ord.

[3] Der findes intet vers 11 i NA28.

23. søndag efter trinitatis: Mark 12,38-44

38: I sin undervisning sagde (Jesus): "Tag jer i agt for eksperterne i moseloven, som holder af at gå rundt i lange gevandter, på torvet/markedspladsen at blive hilst (med respekt).

39: og have de forreste pladser i synagogerne og de fornemste pladser ved festmåltiderne.

40: De hugger enkernes huse og de beder lange bønner for et syns skyld. De skal få den strengeste dom".

41: Jesus satte sig overfor offerkassen og så på, hvordan folk lagde penge i offerkassen. Mange rige lagde meget i.

42: Der kom en fattig enke og lagde to små kobbermønter[1] i, det er næsten ingenting[2].

43: Jesus sammenkaldte sine elever/lærlinge/praktikanter og fortalte dem: "Jeg kan garantere jer, at denne fattige enke gav mest af alle, der puttede penge i offerkassen.

44: For alle de andre gav af deres overflod, men hun gav i sin fattigdom alt det hun havde at leve på".

[1] λεπτὰ, *lepta,* fletal af λεπτός, *leptos,* det er den mindste jødiske kobbermønt med en værdi på 1/128 del af en denar.

[2] κοδράντης, *kodrantes,* det er romersk kobbermønt med værdi på 1/64 del af denar. En denar er en dagløn.

24. søndag efter trinitatis: Joh 5,17-29

17: Jesus svarede dem: "Min Fader arbejder nu (i dag)[1] og også jeg arbejder nu".

18: På grund af dette (svar) søgte jøderne endnu mere at slå ham ihjel, ikke alene fordi han brød sabbatten, men også fordi han kaldte Gud sin Fader og derved gjorde sig selv lig med Gud.

19: Jesus sagde til jøderne: "Jeg kan garantere jer, at Sønnen intet kan gøre undtagen det, han ser Faderen gøre, for det Han gør, det samme gør Sønnen.

20: Fader elsker Sønnen og alt viser Han ham og endnu større ting vil Han (Faderen) vise ham, så I vil blive forbavset.

21: For ligesom Faderen oprejser fra de døde og giver dem liv, på samme måde giver Sønnen liv til dem, han vil.

22: Faderen dømmer ingen, men Han har overladt dommen til Sønnen,

23: så alle ærer Sønnen i stedet for at ære Faderen. Den, som ikke ærer Sønnen, ærer heller ikke Faderen, som sendte ham.

24: Jeg kan garantere jer: De, som hører det, jeg har sagt, og tror på den, som har sendt mig, vil have evigt liv, og bliver ikke dømt, men er gået over fra døden til livet.

25: Jeg kan garantere jer: At der kommer en tid, ja den er nu, hvor de døde vil høre Guds Søns stemme og de, som hørte (den), skal leve.

26: For som Faderen har kilden til livet i sig selv [egentlig: livet i sig selv], således har Han givet Sønnen at have kilden til livet i sig selv.

27: Og Han har givet ham (Sønnen) autoritet til at afsige dom, fordi han er Menneskesønnen.

28: Bliv ikke forbavset, for der skal komme en tid, hvor alle, der er i gravene, skal høre hans stemme,

29: og gå ud af (gravene): de, der har gjort det gode, skal stå op til liv, men de, som har praktiseret det onde, skal stå op til dom/straf.

[1] Det er sabbat, jødernes hviledag.

25. søndag efter trinitatis: Luk 17,20-33

20: Nogle farisæere spurgte (Jesus): " Hvornår kommer Guds rige"? Han svarede: "Guds rige kommer ikke, så man kan observere[1] det".

21: man kan heller ikke sige: "Her er det" eller "der er det", For Guds rige er midt iblandt jer".

22: (Jesus) sagde til eleverne/lærlingene/praktikanterne: "Der vil komme dage, hvor I vil længes efter at se en eneste dag af Menneskesønnens dage, men I vil ikke se det.

23: Folk vil sige til jer: "Der er det" eller "Her er det". Løb ikke efter dem".

24: Præcis som lynet oplyser himlen fra den ene side til den anden, sådan skal Menneskesønnens dag være.

25: Først er det dog nødvendigt, at han lider meget og bliver forkastet af denne generation.

26: Som det vat i Noas dage, sådan skal det være i Menneskesønnens dage.

27: (Folk) spiste, drak, indgik ægteskab og blev bortgiftet lige indtil den dag Noa gik ind i arken og floden kom og ødelagde alt.

28: Det skal være som i Lots dage, folk spise, drak, købte og solgte, plantede og byggede huse.

29: men den dag, da Lot gik ud af Sodoma, regnede det ned fra himlen med ild og svovl og udryddede alt.

30: Sådan vil det være den dag Menneskesønnen afsløres.

31: Den dag skal de der er på taget, og som har ejendelene nede i huset, ikke ned og hente dem[2] og de, som er på markerne, skal ikke vende om.

32: Tænk på Lots hustru.

33: De, der vil prøve at redde deres liv, skal miste det, men de, der mister deres liv, skal redde det.

[1] Egentlig står der på græsk: μετὰ παρατηρήσεως, *meta paratæræseos,* som betyder ved omhyggelig observation. Ordet παρατήρησις, *paratæræsis,* omhyggelig observation findes kun her NT, men brugtes i lægelig sprogbrug dengang om at observere sygdoms symptomer.

[2] Se note 1 til 25. søndag efter trinitatis i bind 1 i denne serie: Ny oversættelse af søndagens prædiketekster.

26. søndag efter trinitatis:

Se 5. søndag efter helligtrekonger.

Se side 25

Sidste søndag i kirkeåret: Matt 11,25-30

25: På det tidspunkt sagde Jesus:" Jeg priser dig, Fader, Herre over himlen og jorden, for du har skjult det for vise og lærde, og afsløret det for de ikke-lærde/uvidende.[1]

26: Ja, Fader, sådan ønskede du det/sådan ville du have det.

27: Alt er blevet givet mig af min Fader og ingen kender Sønnen, undtagen Faderen. Ingen kender Faderen, undtagen Sønnen og dem, som Sønnen ønsker at vise ham til.

28: Kom til mig alle, I, som slider jer trætte og slæber på tunge byrder[2] og jeg vil restituere jer.

29: Tag mit åg på jer[3] og lær af mig, for jeg er mild og beskeden i hjertet, og I vil selv finde ro.

30: For mit åg er let og min byrde til at bære[3].

[1] Egentlig står der på græsk νηπίοις, *nephios*, flertal dativ af νήπιος, *nephios*, som betyder lille barn. Af sammenhængen, modsætningen til vise og lærde, må det oversættes med ikke-lærde eller uvidende.

[2] Slider jer trætte og slæber på tunge byrder. Dvs. plages af budene og moselovens lære. Jfr. Matt 23,4.

[3] "Mit åg på jer" betyder: det, jeg lærer og derfor er min byrde, dvs. det, jeg lægger på jer til at bære. Se 1. Johs 5,3.

Litteratur, som jeg har læst eller brugt som opslagsværker under udarbejdelsen af mine oversættelser:

NA28 Nestle-Aland: Novum Testamentum Graece. Edited by Barbara and Kurt Aland, Johannes Karavidopoulos, Carlo M. Mantini, Bruce M. Metzeger. Deutsche Bibelgesellschaft. Digital formidlet af Olive Tree.

How to Choose A translation - For All Its Worth. By Gordon D. Fee, Mark L. Strauss. Zondervan. Digitalt formidlet af Olive Tree.

The Elements of New Testament Greek. By Jeremy Duff. Cambridge University Press. Cambridge 2005. Papirudgave.

Greek for the Rest of Us. Second Edition by William D. Mounce. Zondervan. Digitalt formidlet af Olive Tree.

Greek Grammar – Beyond the Basic. By Daniel B. Wallace. Zondervan. Digitalt formidlet af Olive Tree.

LXX (Septuaginta) **With Kraft/Taylor/Wheeler Morphology and LEH Lexicon.** German Bible Society. Digitalt formidlet af Olive Tree.

BHS (Biblia Hebrica Stuttgartensia) **With Westminster Morphology and BDB Lexicon.** Scribe Inc. Digitalt formidlet af Olive Tree.

Latin Vulgate. Public Domain. Digitalt formidlet af Olive Tree.

Die Theologie der einen Bibel. 2 vol. Brevard S. Childs. Herder 1994. På engelsk: Biblical Theology of the Old and New Testament, Theological Reflexion on the Christian Bible. SCM Press, London 1992. Papirudgave.

Baker Illustrated Bible Dictionary. By Tremper Longman III. Baker. Digitalt formidlet af Olive Tree.

Easton´s Bible Dictionary. By M.G.Easton. Olive Tree. Digitalt formidlet af Olive Tree.

Mounce´s Complete Expository Dictionary of Old and New Testament Words. By William D. Mounce. Zondervan. Digitalt formidlet af Olive Tree.

New Bible Dictionary. By I. Howard Marshall, A.R. Millard, J.I. Packer, D.J. Wiseman. Intervarsity Press. UK. Digitalt formidlet af Olive Tree.

Olive Tree Enhanced Strong´s Dictionary. Olive Tree. Digitalt formidlet af Olive Tree.

Pocket Dictionary for the Study of New Testament Greek. By Matthew Demos. Intervarsity Press. UK. Digitalt formidlet af Olive Tree.

Theological Dictionary of the New Testament. Abridged – Little Kittel. By Geoffrey W. Bromiley. Eerdmans Publishing Company. Digitalt formidlet af Olive Tree.

Vine´s Complete Expository Dictionary of Old and New Testament Words. By W.E. Vine. Thomas Nelson. Digitalt formidlet af Olive Tree.**Catholic Study Bible Notes.** By John J. Collins, Donald Senior. Oxford University Press. Digitalt formidlet af Olive Tree.

Complete Word Study Bible. By Warren Baker, Eugene E. Carpenter, Spiros Zodhiates. AMG. Digitalt formidlet af Olive Tree.

ESV – Study Bible. Crossway. Digitalt formidlet af Olive Tree.

Harper Collins Study Bibles Notes. Harper Collin. Digitalt formidlet af Olive Tree.

Lutheran Study Bible Notes. Augsburg Fortress Publisher. Digitalt formidlet af Olive Tree.

New Interpreter´s Study Bible Notes. By Walter J. Harrelson. Abingdon. Digitalt formidlet af Olive Tree.

New Scofield Study Bible Notes. By Cyres Scofield. Oxford University Press. Digitalt formidlet af Olive Tree.

Orthodox Study Bible: Ancient Christanity Speeks to Today´s World. Thomas Nelson. Digitalt formidlet af Olive Tree.

Reformation Heritage KJV Study Bible Notes. By Joel R. Beeke (ed.). Reformation Heritage Books. Digitalt formidlet af Olive Tree.

The Reformation Study Bible. By R.C. Sproul. Ligonier Ministries. Digitalt formidlet af Olive Tree.

Study Notes form Stuttgarter Erklärungsbibel. German Bible Society. Digitalt formidlet af Olive Tree.

The Message Study Bible Notes. By Eugene Peterson. NavPress. Digitalt formidlet af Olive Tree.

Wesley Study Bible. Abingdon. Digitalt formidlet af Olive Tree.

Robertson´s Word Pictures. By A.T. Robertson. Olive Tree. Digitalt formidlet af Olive Tree.

Vincent´s Word Studies. Olive Tree. Digitalt formidlet af Olive Tree.

Vine´s New Testament Word Pictures (vol 2). By F.F. Bruce, W.E. Vine. Thomas Nelson. Digitalt formidlet af Olive Tree.

IVP Bible Background Commentary: New Testament, 1st. Edition. By Craig Keener. InterVasity Press. Digitalt formidlet af Olive Tree.

Calvin´s Commentaries (22 vol.) By John Cavin. Olive Tree. Digitalt formidlet af Olive Tree.

-**EINSTEIGERBIBEL,** Die Bibel, Übersetzung für Kinder, udgivet 2019, af DEUTSCHE BIBEL GESELLSCHAFT. Papirudgave.

Ud over de titler, der er medtaget i boglisten, herovenover, har jeg læst og har kendskab til en masse oversættelser af NT, idet jeg i adskillige år har haft og stadigvæk har den vane at læse en ny oversættelse af NT hvert eneste år.

Det har været danske, svenske, norske, engelske, amerikanske, tyske, enkelte på fransk og en enkel på spansk.

Det har givet mig en spændende diversitet i mulighederne for at oversætte de samme græske ord.

Det er blevet til mere end 40 oversættelse i alt. Det vil dog før for vidt at nævne dem alle her.

Lige ledes har jeg læst adskillige kommentarer siden jeg i 1971 begyndte at læse teologi på Københavns Universitet og det er jeg fortsat med i alle årene siden. At nævne dem falder udenfor rammerne af denne lille bog.

Oversætter:

Jørn Balle Larsen

Solsortevej 7, 2630 Taastrup,

E-Mail: j@ballelarsen.dk.

Mobil: 29711951

Bogen er udkommet både som bog og e-bog på BoD.

Books on Demand.

© 2019 Jørn Balle Larsen
Forlag: BoD – Books on Demand, København, Danmark
Tryk: BoD – Books on Demand, Norderstedt, Tyskland
ISBN: 9788743011699